Gesine Taubert

Mittelhochdeutsche Kurzgrammatik mit Verslehre

- ❐ Examensvorbereitung
- ❐ Referendariat
- ❐ Unterricht

unter Mitwirkung von
Elisabeth Miltschitzky

HERBEN VERLAG

Die Deutsche Bibliothek - CIP-Einheitsaufnahme

Taubert, Gesine:
Mittelhochdeutsche Kurzgrammatik mit Verslehre
Examensvorbereitung ; Referendariat ; Unterricht / Gesine
Taubert. Unter Mitw. von Elisabeth Miltschitzky. – Erding :
Herben-Verl. 1995
  ISBN 3-930502-00-3

Umschlagentwurf: Hans Limo Lechner, Erding
Satz und Layout: DTP Wizard, Erding
Gesamtherstellung: Druckerei Nußrainer, 84424 Isen

Printed in Germany

ISBN 3-930502-00-3

Inhaltsübersicht

Hinweise für den Benützer 6

**1 Alphabetische Übersicht zu den einzelnen
grammatischen Begriffen** 7

Ablaut (7) Analogieausgleich (7) Apokope (8) Assimilation (8) Auslautverhärtung (8) Brechung / Hebung (9) Dehnung in offener Tonsilbe (9) Degeminierung (10) Mhd. Diphthonge (10) Nhd. Diphthongierung (11) Dissimilation (11) Enklise, Proklise, Krasis (11) Ersatzdehnung (12) Gemination (12) Kontraktion (12) Kürzung (13) Langvokale (13) Lautwandel (14) Zweite ahd. Lautverschiebung (14) Lenisierung (15) Metathese des -r (15) Monophthongierung (15) Nasalierung (16) Nukleussenkung (16) Palatalisierung (16) Rundung und Entrundung (17) S + Z (18) Sproß- oder Stützkonsonanten (19) Synkope (19) Umlaut (20) Wechsel zwischen v und f (21) W-Schwund (21)

2 Verben 22

2.1 Flexion der starken Verben 22
2.2 Verben mit grammatischem Wechsel 25
2.3 Konjugation der starken Verben 26
2.4 Präterito-Präsentien 28
2.5 Wurzelverben 30
2.6 j-Präsentien 31
2.7 Besondere Formen 32
2.8 Schwache Verben 33
    2.8.1 Schwache Verben mit sog. Rückumlaut 33
    2.8.2 Besondere Gruppe von schwachen Verben mit Vokalwechsel 38
2.9 Tempus

3 Andere Wortarten 40

3.1 Deklination der Substantive 40
3.2 Bestimmte Artikel und Demonstrativa 42
3.3 Pronomen 43
3.4 Adjektive und Adverbien 44
    3.4.1 Adjektive 44
    3.4.2 Adverbien 46

4 Einige Fragen zur Syntax 48

4.1 Negation 48
4.2 Nebensätze 50
  4.2.1 Abhängige verneinte Nebensätze ohne Konjunktion 50
  4.2.2 Abhängige Nebensätze 51
4.3 Einleitung von Sätzen 53
4.4 Zum Genitivgebrauch im Mhd. 56
  4.4.1 Beispiele 56
  4.4.2 Verben mit Genitivobjekt 57
4.5 Topologie 60

5 Bedeutungsveränderungen vom Mhd. zum Nhd. 62

5.1 Formen des Bedeutungswandels 62
5.2 Bedeutungsveränderungen vom Mhd. zum Nhd. 63

6 Präfixe und Suffixe 76

6.1 Bedeutung der Präfixe (Vorsilben) 76
6.2 Bedeutung der Suffixe (Nachsilben) 78

7 Wortbildung – Analysebeispiele 80

7.1 Wortbildung 80
7.2 Beispiel einer Syntaxanalyse 85

8 Veränderungen vom Mhd. zum Nhd. 89

8.1 Lautveränderungen 89
8.2 Sonstige Veränderungen 91
  8.2.1 Graphematische Veränderungen 91
  8.2.2 Morphologische Veränderungen 91
  8.2.3 Syntaktische Veränderungen 92
8.3 Mundartliche Formen 93

9 Mittelhochdeutsche Verse 93

9.1 Einführung 94
9.2 Einzelne Dichter und Lieder 96

9.3	Gattungen im mhd. Minnesang	105
9.4	Epochen im deutschen Minnesang	107
9.5	Besondere Reimarten und Reimschemata	110
9.6	Mittelhochdeutsche Epik	111

Abkürzungsverzeichnis

A.	Anlaut	m.	maskulin
Aa.	Analogieausgleich	md.	mitteldeutsch
Adj.	Adjektiv	mhd.	mittelhochdeutsch
Adv.	Adverb	Nom.	Nominativ
ahd.	althochdeutsch	neg.	negativ
Akk.	Akkusativ	nhd.	neuhochdeutsch
Dat.	Dativ	orth.	orthographisch
DioT	Dehnung in offener Tonsilbe	Pl.	Plural
enklit.	enklitisch	PP.	Präterito-Präsens
excip.	excipierend, herausnehmend	Präs.	Präsens
f.	feminin	Prät.	Präteritum
Gem.	Gemination	proklit.	proklitisch
Gen.	Genitiv	Ru.	„Rückumlaut"
Gr. W.	Grammatischer Wechsel	Sg.	Singular
I.	Inlaut	stv.	stark, starkes Verb
Ind.	Indikativ	stimml.	stimmlos
Inf.	Infinitiv	swv.	schwaches Verb
Konj.	Konjunktiv	unfl.	unflektiert
lg. Lge.	lang, Länge	Wzv.	Wurzelverb

Technische Hinweise

- Mhd. Wörter sind kursiv gesetzt, nhd. Beispiele in Übersetzungen usw. sind der Einfachheit halber nicht eigens gekennzeichnet.

- Phonetische Umschriften orientieren sich an der Duden-Grammatik.

- **!** = Besonders wichtig

- ⚠ = Aufpassen!

- ↗ = Querverweis

Hinweise für den Benützer

Diese *Mittelhochdeutsche Kurzgrammatik und Verslehre* soll kein Ersatz sein für eine ausführliche mhd. Grammatik oder Metrik. Sie wurde verfaßt mit dem Ziel, Hilfe für Examenskandidaten zu geben sowie ein knappes und handliches Nachschlagewerk für all jene anzubieten, die in ihrer Arbeit immer wieder die hier verhandelten Grundbegriffe brauchen, also vor allem Lehrer.

Verschiedene Vorstufen dieses Textes haben sich in den fünfzehn letzten Jahren bewährt.

● Alle unbedingt notwendigen Begriffe sind in kürzester Form zusammengefaßt und mit leicht faßlichen Beispielen versehen. Die Kürze soll Mut machen und die Sache als überschaubar erweisen.

● Die einzelnen grammatischen Begriffe sind alphabetisch geordnet, um sie leichter auffinden zu können; Übersichten zur Konjugation und zur Deklination sind gesondert beigefügt. Die schwachen Verben mit sog. Rückumlaut sollte man keinesfalls auswendig lernen; man sollte sich aber das Prinzip klarmachen.

● Für die Entwicklung zum Neuhochdeutschen werden jeweils exemplarische Beispiele gegeben.

● Diejenigen Probleme der Syntax, die immer wiederkehrende Schwierigkeiten bei der Übersetzung bereiten, vor allem die abhängigen Nebensätze, sind kurz dargestellt, satzeinleitende Worte alphabetisch geordnet.

● Eine Liste von Wörtern, die erfahrungsgemäß immer wieder Schwierigkeiten bereiten, weil sich die Bedeutung verändert hat oder sie ganz aus dem Neuhochdeutschen verschwunden sind, ist beigefügt, dazu die Herkunft und Bedeutung der Präfixe und Suffixe.

● Elisabeth Miltschitzky steuerte außer der Analyse eines mhd. Satzes, Erläuterungen bzgl. Topologie und einigen Wortbildungsanalysen noch viele gute Vorschläge bei.

● Zum Schluß folgt eine kurze Einführung in die mhd. Verslehre, die Gattungen und die Einteilung in die Epochen der mhd. Lyrik und in die Verse der Epik.

Viel Glück!

München, Frühjahr 1995
Gesine Taubert

6

1 Alphabetische Übersicht zu den einzelnen grammatischen Begriffen

❐ Ablaut

Aus dem Indogermanischen ererbter regelmäßiger Wechsel in den Vokalen der Wurzelsilben von etymologisch verwandten Wörtern. In der Wortbildung:

z.B. Binde, Band Bund;
schließen, Schloß, Schluß.

Ursache für die Entstehung des Ablauts sind indoeurop. Akzentverhältnisse (nicht die lautliche Umgebung, die für ↗kombinatorischen Lautwandel entscheidend ist). Der indoeuropäisch noch freie Wortakzent bewirkt einen Akzentwechsel in verwandten Wörtern. Dadurch entsteht:

▶ **Qualitativer Ablaut** (Abtönung)
= Veränderung der Tonhöhe bei Dominanz des melodischen Tonakzents:

a) Hochton (–e–)
b) Tiefton (–a–)

▶ **Quantitativer Ablaut** (Abstufung, Unterschiede in der Quantität)
= Veränderung der Tondauer bei Dominanz des dynamisch-exspiratorischen Druckakzents:

a) Grundstufe (Hochstufe)	Kurzvokal	(normale Betonung)
b) Dehnstufe	Langvokal	(starke Betonung)
c) Schwundstufe	Wegfall des Vokals	(keine Betonung)

Aus der Kombination beider Ablautformen entstehen feste Gruppen von alternierenden Vokalen, je nach den folgenden Vokalen oder Konsonanten ↗Ablautreihen (einzelne Stammformen verändert nach Tempus und Numerus).

❐ Analogieausgleich (Aa)

Paradigmatischer Ausgleich zu anderen Formen wegen der **Formenvereinheitlichung**, z.B. bei Sg. und Pl. Prät.:

mhd. *ich warf– wir wurfen*	–>	ich warf - wir warfen (Aa zum Sg.);
mhd. *ich nime*	–>	ich nehme (Aa zu einer mitteldt. Nebenform Luthers).

❑ Apokope

(PWG §§ 52 ff)

Wegfall eines unbetonten -e im Auslaut. Mhd. bei Kurzvokal + r, l:

ich var, stil –> (nhd. Aa zu: ich helf**e**) = ich fahr**e**, ich stehl**e**.
Zum Nhd. bei Subst. und Adj. häufig: *fürste* –> Fürst; *rîche* –> reich.

❑ Assimilation

(PWG § 105)

Angleichung eines Konsonanten an den davorstehenden, z.B.

umbe – umme	–>	um (mit Apokope);
lember	–>	Lämmer;
entvâhen – enpfâhen	–>	empfangen

(Grund: v = Labial, n + t = Dentale: 1. t vor Labial zu p,
2. n vor Labial zu m)

❑ Auslautverhärtung

(PWG § 100)

Stimmtonverlust im Auslaut. Verhärtung der stimmhaften weichen Verschlußlaute im Wort- und im Silbenauslaut. Nhd. meist nur orthographisch aufgehoben, phonetisch erhalten.

b – p	mhd. G	*stoubes*	–	N	*stoup*	–>	Staub
d – t	G	*nîdes*	–	N	*nît*	–>	Neid
g – c(k)	G	*tages*	–	N	*tac*	–>	Tag
Silbenauslaut:	mhd.	*gelouben*	–		*geloupten*	–>	glaubten
		neigen	–		*neicten*	–>	neigten

Mhd. u.U. aufgehoben vor Vokal: *er gap*, aber: *gab er*!

ng - nc   mhd.   *singen*   –   *sanc*   –>   sang
(phonetische Aufhebung der Auslautverh. und ↗Nasalierung!)

Keine Auslautverhärtung ist h – ch:

mhd.   *sehen*   –   *ich sa**ch**,*

denn germ h war ursprünglich Reibelaut (ach-Laut); h wurde im Mhd. intervokalisch zum Hauchlaut und blieb nur im Auslaut ein Reibelaut; im Nhd. wurde es durchgehend zum Hauchlaut, in Aa zum Pl. und Inf. bzw. schwand es ganz und gar.

❐ Brechung / Hebung (PWG §§ 31ff)

Vokalwechsel in Wurzelvokalen, nebeneinander u + o, iu + ie und e + i.

Solche Phonemspaltungen von Wurzelvokalen wurden bewirkt durch die vollen Folgesilbenvokale in vormhd. Sprachstufen oder auch durch folgende Nasalverbindungen. Da im Mhd. die vollen Endsilbenvokale fast alle abgeschwächt sind, ist die Ursache für den Vokalwechsel nicht mehr erkennbar. Solche Veränderungen sind Folgen des ↗kombinatorischen Lautwandels.

Bei mhd. starken Verben finden wir:

▶ Brechung

a) **von u –> o:** vor ahd. -a- der Folgesilbe im Part. Prät. von IIa + b, IIIb, IV: vgl. Prät.Pl. *buten* — Part. Prät. *geboten* (aus ahd. *gibotan*)

b) **von iu –> ie:** vor ahd. -a- der Folgesilbe im Inf. u. Präs. Pl. IIa +b: Inf. *biegen, ziehen* aus ahd. *biogan, ziohan* (ie abgeschwächt aus io) vs. *ich biuge, ziuhe.*

▶ Hebung (Wechsel) von e –> i im Präsens der Reihen IIIa, IIIb, IV, V:

a) vor Nasal + Konsonant (vgl. lat. *ventus* — germ. *wint*) IIIa Inf. *binden, swimmen*

b) vor ahd. -i-, -j- im Präs. der Reihen IIIa, IV, V: Inf. *werfen* 2.+3. Präs.Sg. *wirfest, wirfet* (aus ahd. *wirfis, wirfit*)

c) vorahd. - u - der Folgesilbe: 1.Ps. Präs. IIIb, IV, V: *wirfe* (aus ahd. *wirfu*)

❗ ▪ Dehnung in offener Tonsilbe (DioT) (PWG § 45 f)

Vom Mhd. zum Nhd. zur Beseitigung der kurzen offenen Tonsilben. Kurze offene Tonsilben enden auf Kurzvokal (vor einfachen Konsonanten): *ne-men*. Sie werden zum Nhd. ausnahmslos beseitigt. (Dagegen enden geschlossene Silben auf Konsonant: *hel-fen*).

Eine **Dehnung** kann sein

a) orth. unbezeichnet   mhd. *tages*   –> Tages [a:]

b) orth. bezeichnet durch Dehnungs-e: mhd. *geschriben* –> geschrieben
   oder Dehnungs-h: mhd. *nemen*   –> nehmen

In **Analogie zu flektierten Formen** werden auch einsilbige Wörter gedehnt:

mhd. *stap*   –   G *stabes*   –> Stab [aː]
sun   –   Pl *süne*   –> Sohn
zam   –   *ein zamer*   –> zahm, ein zahmer
Gelegentlich werden einsilb. Wörter gedehnt: dem, im usw.

Öfter erscheint **Dehnung vor -r**:

mhd. *wer, mir, ir*   –> wer, mir, ihr
vart   –> Fahrt (bei r + Kons.)
begirde   –> Begierde

Wenn die **Dehnung unterbleibt** (häufig vor -t oder -m), wird die kurze offene Tonsilbe durch ↗Gemination geschlossen:

mhd. *geriten*   –> geritten
genomen   –> genommen
manic   –> mannigfaltig

❐ Degeminierung   (PWG §§ 98 f)

Im Mhd. wurden die Doppelkonsonanten wahrscheinlich als solche ausgesprochen, z.B. *al – lez*; *gewin – nen*, aber *gewan*!

Dies gilt nicht mehr für das Nhd.; daher **phonetische Degeminierung**, z.B. alles, Mannes.

Wichtig bei Nasalierung:

mhd. *gesungen* [ŋg] –> gesungen [ŋ]) ↗Gemination.

❐ Mhd. Diphthonge   (PWG §§ 43, 44 u.78 ff)

Mhd. Diphthonge werden geschrieben:

\<ei> \<ie> \<ou> \<öu> od. \<eu> \<üe> \<uo>.

\<ei> /ei/ und \<ou> /ou/ werden nhd. zu \<ei> /ai/ und \<au> /au/

(↗Nukleussenkung).

Die übrigen Diphthonge werden monophthongiert:

\<ie> \<üe> \<uo> --> \<ie> /iː/, \<ü> /yː/, \<u> /uː/ (↗Monophthongierung).

! ■ Nhd. Diphthongierung

(PWG § 42)

Nhd. Diphthonge sind entstanden (außer <ei>/ai/ und <au> /au/ aus der **nhd. Diphthongierung** der betonten hohen, engen Langvokale <î> /i:/, <iu> /y:/, und <û> /u:/, z.B.

mîn niuwes hûs –> mein neues Haus.

☐ Dissimilation:

(PWG § 106)

Zur Differenzierung ähnlicher oder gleicher Laute:

▶ Totale Dissimilation (Schwund), z.B.

vernunft — vernuft: allerêrest — alrêrest — alrêst;
senende (= sehnend) *–>senede.*

▶ Partielle Dissimilation, z.B.

dörper — dörpel wird durch Assimilation –> *tölpel* (Tölpel)

⊓ Enklise, Proklise, Krasis

(PWG §§ 23 ff)

▶ **Enklise**
Anlehnung und Verkürzung eines unbetonten Wortes an das vorhergehende Wort im Mhd.:

mohte er	–>	*mohter*	*do sî*	–>	*dôs*	*er in* –> *ern!*
tuo ez	–>	*tuoz*	*ûf ez*	–>	*ûfz*	*er ne* –> *ern!*
bist du	–>	*bistu*	*in deme*	–>	*im* (nhd. z.B. im Hof)	

▶ **Proklise**
Anlehnung an das folgende Wort:

ich ne   –> *ine* (oder *in!*);
die ougen –> *dougen*

▶ **Krasis**   (PWG § 213 A.2)
Verschmelzung beider Worte unter Bildung neuer Vokale:

daz ich	–>	*deich*	*daz ez*	–>	*deiz*
daz ist	–>	*deist oder dêst*			
daz er	–>	*dêr*	*zuo den*	–>	*zuo zen!* (< *zuo ze den*).

☐ **Ersatzdehnung** (PWG § 36)

Bei Ausfall von Nasalen vor -h: vgl. mhd. *denken* – *dâhte* (schon urgerm.)

☐ **Gemination**

Verdoppelung von Konsonanten; im Mhd. nie im Auslaut, da phonetisch nicht möglich (↗Degeminierung).

Daher im Mhd.:

gewinnen – *er gewan; kennen* – *kande.*

Dieser Wechsel ist im Nhd. in der Schreibung vereinheitlicht in Aa zu den Stammformen; also gewa**nn**, ka**nn**te.

❗ **Kontraktion** (PWG §§ 107–111; 283 ff)

Ausfall der Medien b, d, g zwischen Vokalen, die dann kontrahiert werden:

b	ahd.	*gibit*	–	mhd. *gît;* ahd. *habên* – mhd. *hân*	
d		*quidit*	–	*quît, kît*	(= er sagt)
g		*ligit*	–	*lît*	(= liegt);
		legit	–	*leit*	(= legt),
		segit	–	*seit*	(= sagt)
		legita	–	*leite*	(= legte) und *legist* – *leist*; (= legst)
		legit	–	*leit*	(= legt)
		segit	–	*seit*	(= sagt)
		tregit	–	*treit*	(= trägt);
		virdegit	–	*verdeit*	(= er verschweigt)

Dazu die **Kurzformen:**

⚠ Kurzformen immer nur im Sg.Prät.! Pl.Prät. *liezen* usw.

mhd. *lâzen* und *lân;*   Prät. *liez* und *lie*
     hâhen und *hân;*   *hienc* und *hie*
     vâhen und *vân;*   *vienc* und *vie*
     haben und *hân*   *gienc* und *gie!*

Kontraktion bei vielen schwachen Verben, die auf Dental enden:

mhd. *badete* und *bâte;*   *redete* und *rette* oder *reite;* außerdem:
     heltet und *helt* –> hält;   *rætet* und *ræt* –> rät.
     wirdet und *wirt* –> wird;

In den letzten drei Wörtern – in „wird, hält, rät" – sind die kontrahierten Formen nhd. erhalten. In allen anderen Wörtern sind sie in der Schriftsprache getilgt.

! Kürzung vom Mhd. zum Nhd. (PWG § 47)

Vor Doppelkonsonanz:

mhd. *brâhte* –> brachte vor ht
hêrlich –> herrlich vor r + Kons.
iergen –> irgend (ie –> i)
gienc –> ging vor n + Kons.

Kürzung also auch bei den aus Diphthongen entstandenen Langvokalen!

In der Adjektivendung *-lîch* (Adv. *-lîche, -lîchen*) war das *-î-* schon mhd. teilweise verkürzt zu *-i-*, was nhd. übernommen wurde.

Bei mhd. *muoter* und *jâmer* –> nhd. Mutter und Jammer nimmt man Verlegung der Silbengrenze in den Mittelkonsonanten an; deshalb Verkürzung vor *-er*.

☐ Langvokale

Im **Mhd.** alle Vokale, die mit **Längenzeichen** versehen sind, z.B.

<â> /aː/, außerdem <iu> /yː/ <æ> /ɛː/ und <œ> /øː/.

Im **Nhd.** sind Langvokale alle Vokale in offenen Tonsilben, z.B.

Bo–te, ge–ben (↗Dehnung).

Dazu alle durch die Monophthongierung (seit dem 14. Jh.) entstandenen Langvokale: /iː/ <ie>, /uː/ <u > oder <uh>, /yː/ <ü > oder <üh>; alle mit Dehnungs-h versehenen Vokale z.B. sehnen (< mhd. *senen*, DioT) und die, in denen mhd. Langvokale erhalten wurden:

mhd. *mêre* –> mehr; mhd. *lære* –> leer.

D.h. die nhd. Langvokale sind entweder

- graphisch unbezeichnet (geben),
- oder aber durch Doppelvokale (leer), Dehnungs-h (sehnen, ihre)
- oder durch -ie- markiert (Liebe aus mhd. *liebe*),
 aber -ie- auch einfach als Längenbezeichnung: geschrieben aus mhd. *geschriben*.

13

❏ Lautwandel

▶ **kombinatorisch:** Veränderung von Lauten unter dem Einfluß der lautlichen Nachbarschaft = ↗Brechung, ↗Hebung, ↗i-Umlaut.

▶ **spontan:** Veränderung von Lauten unabhängig vom Kontext (also Ursachen nicht bekannt): ↗Zweite ahd. Lautverschiebung, nhd. ↗Diphthongierung und ↗Monophthongierung.

❏ Zweite ahd. Lautverschiebung   (PWG §§ 86-90)

Die 2. ahd. Lautverschiebung erfaßte die Tenues **p, t, k.** Je nach ihrer Stellung im Wort entstehen verschiedene neue Konsonanten:

– **Affrikata** (pf, z, kch) im Anlaut, nach Konsonant und aus Geminaten,
– **Doppelfrikativ** (ff, zz, hh) im Inlaut, aber **vereinfacht** nach Länge und im Auslaut.

	p	**t**	**k**
Anlaut (A)	p –> pf	t –> z /ts/	k –> kch, ch (nur obd)
Gemin. (G)	pp –> pf	tt –> tz	kk –> kch (mhd. ck)
Inlaut (I)	p –> ff, f	t –> zz, z	k –> hh, h (mhd. ch)

Beispiele: (vorahd. meist aus dem Englischen = e.)

A	p –> pf:	e. pipe	= ahd. *phifa* (= Pfeife);
	nach Kons.:	e. sharp	= ahd. *scharpf*
G	pp –> pf:	e. apple	= ahd. *aphel* (mhd. *apfel*)
I	p –> ff:	e. to gripe	= ahd. *gagriffan*;
	aber nach Länge –> f: Inf. *grîfan*		

A	t –> z /ts/:	e. to	= ahd. *zuo*;
	auch nach Kons.:	e. heart	= ahd. *herza*
G	tt –> tz:	e. little	= ahd. *lutzila* (mhd. *lützel*)
I	t –> zz:	e. to eat	= ahd. *ezzan*;
	aber nach Länge –> z: *âzum* (mhd. *ezzen, âzen*)		

A	k –> kch:	e. kid	= altbair. *kchind* u. *chind*,
			ahd. auch schon *kind*
G	kk –> kch:	e. to awake	= ahd. *wekchen* (mhd. *wecken*)
I	k –> hh:	e. to make	= ahd. *mahhon* (mhd. *machen*)

⚠ Jedes mhd. -z- geht zurück auf vorahd. - t-,
jedes intervokalische -ch- auf -k-.

pf und **tz** (aus pp und tt) – wie auch andere Doppelkonsonanten: *heffen*,
bitten – gehen oft zurück auf die westgerman. Konsonantengemination:
ein vorahd.-j-Infix wirkte dort verdoppelnd und umlautend:

got. *skapjan* über altsächs. *skeppian* zu ahd. *schephen* mhd. *schepfen* –>
nhd. schöpfen (= j-Präs. wie sitzen)

pf nach **l** und **r** wurde vereinfacht zu **f**: vgl. *schimpfen*, aber *helfen* (ahd.
noch *helphan*) oder *scharf* (noch mhd. öfter *scharpf*)

⚠ <z> Affrikata /ts/ und <z> Frikativ /s/ sind im Mhd. orthographisch
nicht auseinanderzuhalten.

◻ **Lenisierung** (PWG § 105,4)

Mhd. -t- nach Liquiden und Nasalen meist erweicht zu -d- , z.B.

wolde, werde rûmde, kunde

Nhd. Lenisierung aufgehoben in Aa. zu übrigen sw. Verben:

wollte,werte, räumte, konnte.

◻ **Metathese des -r-** (PWG § 122)

Mhd. *ors* stm. –> Roß
Nebeneinander:

mhd. *bersten* + *bresten*; *born* + *brunnen* .

❗ **Monophthongierung** (PWG § 43)

Die fallenden Diphthonge werden vom Mhd. zum Nhd. monophthongiert, und
zwar regelmäßig zum *Langvokal:*

mhd. *lieber süezer bruoder* –> lieber süßer Bruder
(/i:/, /y:/, /u:/).

15

▌ Nasalierung (PWG § 137 A.2)

Inlautende -ng- werden im Nhd. nasaliert (progressive Nasalitäts-Assimilation und Degeminierung), z.B.

mhd. *gesungen* (gesprochen [ŋg]) –> gesu**ng**en [ŋ];
mhd. *sanc* (mit Auslautverhärtung, gespr. [ŋk]) wird analog dazu zu sa**ng** [ŋ].

▌ Nukleussenkung (Öffnung) (PWG § 44)

In steigenden Diphthongen (/ei/ /ou/ /öu/) wird zum Nhd. hin der Nukleus (d.h. der 1. Vokal) gesenkt:

Mhd. *cleine* [ei]   –>   klein [ai] (bair. geschr. ai!);
vrouwen [ou]   –>   Frauen [au].
vreude [öu]   –>   Freude [oy]

▌ Palatalisierung (PWG § 155)

Schon im Ahd. wurde /sk/ palatalisiert zu [ʃ]. Es bestanden nebeneinander: *skoni* und *schoni*, mhd. *schœne*.

<s>- im Anlaut vor Konsonant wird im Nhd. palatalisiert zu sch-:

sl	–>	schl	mhd.	*slîchen* –>	**sch**leichen
sn	–>	schn		*snê* –>	**Sch**nee
sm	–>	schm		*smerze* –>	**Sch**merz
sw	–>	schw		*swære* –>	**Sch**were
sp	–>	schp		*sprechen* –>	**sp**rechen [ʃpr]
st	–>	scht		*stille* –>	**st**ill [ʃt]

sr ist schon ahd. schr: *schrecken*

Daß bei sp- und st- der Lautwandel nicht orthographisch bezeichnet wird, erklärt man aus dem Vorkommen dieser Verbindungen im Lateinischen.

auch –rs –> –rsch mhd. *bars* –> Barsch

Außerdem: (PWG § 148)

tw	–>	zw	mhd.	*getwerc, –ges* (st.n) –>	**Zw**erg	
tw	–>	qu	mhd.	*twalm*	–>	**Qu**alm
			mhd.	*twerh*	–>	**Zw**erchfell
						und **qu**er

16

❗ Rundung und Entrundung (PWG §§ 48 f)

Zur Auspracheerleichterung vom Mhd. zum Nhd. (oft nur vor oder nach bestimmten Konsonanten); Rundung und Entrundung treten immer nur sporadisch auf, außer der mitteldeutschen Senkung vor Nasal.

▶ Vokaldreieck

Die Stellung im Vokaldreieck (oben oder unten) bezeichnet den Ort im Mund, wo dieser Vokal gebildet wird, z.b. i: vorn oben; u: hinten oben.

mhd. **Kurzvokale** (+ i-Umlaute)   mhd. **Langvokale** (+ i-Umlaute)

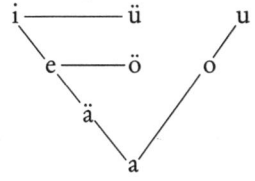   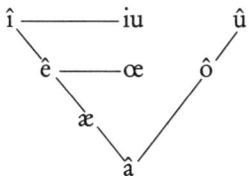

▶ Rundung (= zum u hin)

i	–>	ü

i –> ü (bei Nasalen und Liquiden)
    finf –> fünf; *wirde*   –> Würde
ie –> ü (über [i:]) *geswiere*   –> Geschwür (Einfluß des w!)
e –> ö (bei l, sch, ff, pf, tz)
    helle –> Hölle; *leschen* –> löschen; *schephen* –> schöpfen,
    leffel –> Löffel; *ergetzen* –> ergötzen;
â –> o [o:] (sporadische Rundung, vor allem bei Nasalen und Dentalen)
    âne –> ohne; *mâne, mânot* –> Mond, Monat
    âtem –> Odem; *erhaben* [a:] –> erhoben

Eselsbrücke: zum -u- hin ist Rundung.

▶ Entrundung (= vom u weg):

ä	–>	e	*wälhisch*	–> welsch
æ	–>	e [ɛ:]	*stætec*	–> stetig
ü	–>	ö	*mügen*	–> mögen;
iu	–>	ei	(üb. eu) *kriusel*	–> Kreisel
ü	–>	i	*küssen*	–> Kissen
öu	–>		ei (üb. eu) *slöufe*	–> Schleife

17

▶ **Mitteldeutsche (md.) Senkung vor Nasal** (PWG § 50)

Im Mitteldeutschen war eine Senkung der hohen Kurzvokale ü –> ö und u –> o vor Nasal u.Doppelnasal bereits in mhd. Zeit vorhanden und wurde nhd. übernommen (Einfluß der Lutherbibel):

⚠ ü –> ö   *süne* –> Söhne, *künec*   –> König
  u –> o   *sunne* –> Sonne; *gewunnen* –> gewonnen; *sun* –> Sohn

❐ **S + Z** (PWG §§ 150 ff)

<s> Alter frikativer Dental (Reibelaut) (↗Grammatischer Wechsel).

Aussprache: stimmhaft   anlautend vor Vokal, z.B. *singen*
       [z]   inlautend (intervokalisch und zwischen Nasalen/Liquiden + Vokal), z.B. *lesen*, *insel*

       stimmlos: im Anlaut vor Kons., z.B. *springen*
       [s]   im Auslaut, z.B. *glas*

<z> Entstanden in der 2. ahd. ↗Lautverschiebung aus -t- (stimmlos)

anlautend: Affrikata   **<z>** wie nhd. z [ts] (auch nach Konson.), z.B. *zît, herzen*   –> Zeit, Herzen

inlautend: Doppelfrikativ nach Kurzvokal **zz** –> ss
       vergezzen   –> vergessen

       einfacher Frikativ nach Länge **z** –> ß
       heizen, grüeze   –> heißen, Grüße

auslautend: einfacher Frikativ *vergaz*   –> vergaß

⚠ Im Mhd. niemals Wechsel zwischen <z> und <s> außer bei *wizzen* und *müezen*, vgl.:

sitzen, sitze   –> sitzen, sitze
saz sâzen   –> saß, saßen
gesezzen   –> gesessen.

Ab Ende des 12. Jh. fielen z und s auf der Ebene der Graphie und der Artikulation zusammen.

18

Nhd. Orthographieregel

– <ss> immer aus mhd. <zz>.

– <ß> nach Langvokalen und im Auslaut, wenn im Paradigma <ss> vorkommen (vergessen, vergaß).

– <s> aus mhd.< z>, wenn keine verwandten Formen vorhanden sind, in denen <ss> vorkommt (mhd. *daz, waz* zu nhd. das, was)

❑ **Sproß- oder Stützkonsonanten** (PWG § 113)

Auch: epenthetischer Dental, am Ende eines Worts, z.B.

mhd.	*obez*	–>	Obs**t**;
	nieman	–>	niemand;
	sus	–>	sonst.

❑ **Synkope** (PWG §§ 52-56)

Wegfall eines unbetonten -e- im Inlaut.

Schon **mhd.** immer nach -l und -r bei Kurzvokal:

mhd. *die vrouwen / die ahseln; die guoten / die lûtern* (= Lauteren)

Konjugation im Mhd.:

loben, vuoren / heln, varn (= hehlen, fahren)

| *sagete* | –> | sagte |
| *er hœret; er vert* | –> | er hört, fährt |

Oft auch nach -n:

| *wente* | –> | gewöhnte |

Zwischen h+t, h+st schon mhd.:

| *er siht, du sihst* | –> | er sieht, du siehst. |

Mhd. Synkope oder Kontraktion oft bei *gleicher Konsonanz*:

mhd.	*die gevangen*	–>	die Gefangenen
	die sende	–>	die Sehnende
	der bœste man	–>	der böseste Mann.

Nhd. ist diese Synkope bei gleicher Konsonanz und bei den Infinitiven der Verben durchgehend aufgehoben, in Analogie zu den übrigen anderen Formen!

⚠ Ist das Verb dann zweisilbig, kann DioT erfolgen: *varn* –> fahren.

Die **Synkope vor -t bzw. -st** ist im Nhd. immer durchgeführt:

nhd. sagte aus mhd. *sagete,*
hörst aus mhd. *hœrest.*

⚠ Nur bei den Verben mit sogenanntem ↗Rückumlaut, wenn der Stamm auf Dental endet, wird zum Nhd. ein neuer Bindevokal -e- eingeschoben, um Stamm und Suffix zu trennen:

mhd. *gurte* –> gürtete;
trôste –> tröstete.

❐ **Umlaut** (PWG § 241 f.)

Hier besonders **i-Umlaut** = Veränderung eines Wurzelvokals durch nachfolgendes *-i-, -j-* im **Ahd.**

a zu e schon ahd., deshalb **Primärumlaut:** *gast* Pl. *gesti,* mhd. *geste*

Alle anderen i-Umlaute sind **Sekundärumlaute:**

a zu ä *maht, mähte* (-h- hatte im Ahd. Umlaut verhindert)
â zu æ *râten, du rætest* (ahd. *râtis*)
o zu ö *got, götinne* (ahd. –)
ô zu œ *rôt, rœter* (ahd. *rôtiro*)
u zu ü *sun, süne* (ahd. *suni*)
û zu iu *brût, briute* (ahd. *brûti*)

⚠ (<iu> = mhd. /y:/ ist **kein** Diphthong!)

ou zu öu *gouch, göucherie* (ahd. –) (= Narr, Narrheit)
uo zu üe *guot, güete* (ahd. *guoti*)

(Wenn nhd. <äu> erscheint, muß es eine Form mit <iu> gegeben haben, so z.B. bei *rûmen* über *riumen* –> räumen,
sûmen über *siumen* –> säumen).

⚠ Umgelautete Kurzvokale werden im Mhd. anders geschrieben als umgelautete Langvokale!

❐ Wechsel zwischen v und f

Während ursprünglich das <v> ein Graphem für den erweichten Labial war (*wolf – wolves*), werden schon im Ahd. wie später im Mhd. v und f regellos nebeneinander geschrieben.

❗ ■ W-Schwund   (PWG § 117)

w zwischen Vokalen schwindet ersatzlos vom Mhd. zum Nhd.:

mhd. *triuwe*   ->   Treue
     vrouwen ->   Frauen

w nach -r und -l inlautend wird zu b:

mhd. *varwe*   ->   Farbe
    gelwes   ->   gelbes
    falwes   ->   falbes (oder: fahl = Schwund des w + Dehng.)

2 Verben

2.1 Flexion der starken Verben

	Präs. Ind.	Präs. Konj.	Prät. Ind.	Prät. Konj.	Part.
1. Sg.	ich wirfe[2]	werfe[1,5]	warf[6]	würfe[9]	geworfen[10]
2. Sg.	du wirfest[2]	werfest	würfe[7]	würfest	
3. Sg.	er wirfet[2]	werfe-	warf[6]	würfe	
1. Pl.	wir werfen[1]	werfen	wurfen	würfen	
2. Pl.	ir werfet	werfet	wurfet	würfet	
3. Pl.	sie werfent	werfen-	wurfen	würfen	

Präsens

	Indikativ			Konjunktiv
	ahd.	mhd.	VI + VII	
1. Sg.	nimu[2]	nime[2]	var	daz ich neme[5]
2. Sg.	nimis[2]	nimest[2]	verst[3]	du nemest
3. Sg.	nimit[2]	nimet[2]	vert[3]	er neme –[4]
1. Pl.	nemames[1]	nemen[1,5]	varn	wir nemen
2. Pl.	nemet	nemet	vart	ir nemet
3. Pl.	nemant[4]	nement[4]	varnt[4]	sie nemen –[4]

Präteritum

	Indikativ			Konjunktiv	
	ahd.	mhd.			
1. Sg.	nam[6]	nam[6]	vuor[6]	næme[9]	vüere[9]
2. Sg.	**nâmi**[7]	**næme-**[7]	**vüere-**[7]	**næmest**[8]	
3. Sg.	nam[6]	nam[6]	vuor[6]	næme	
1. Pl.	nâmum	nâmen	vuoren	næmen	
2. Pl.	nâmut	nâmet	vuoret	næmet	
3. Pl.	nâmun	nâmen	vuoren	næmen	

Für die Bestimmung mhd. ablautender (starker) Verben braucht man immer fünf Formen:

Infinitiv	Präs.Sg.	Prät-Sg.	Prät.Pl.	Part.Prät.
werfen	ich wirfe	ich warf	wir wurfen	geworfen[10]

Dies sind die **Stammformen**, die Pfeile in den Tabellen weisen auf Möglichkeiten der Rekonstruktion anhand des Stammvokalismus hin.

1) Stammvokal, hier **e**.
Stammvokal im Infinitiv, Indikativ Pl.Präs und Konj. Präs.
(Also: Der Konj.Präs. wird vom Pl.Präs. Ind. abgeleitet).

2) Veränderter Stammvokal (hier **i**) hat Präsens Sg. = ↗Hebung (Ablautreihe III-V) vor ahd. -u bzw. -i
⚠ Wenn nhd. 2.Sg. Präs. du gibst, dann mhd. auch *ich gibe*

3) Die VI. und VII. Ablautreihe lauten vor ahd -i den Stammvokal um:
2. u. 3. Sg. Präs.:
ahd *graban, du grebis, er grebit* – mhd *graben, du grebest, er grebet.*

4) ⚠ Die 3. Pl. Ind. hat im Ahd. und Mhd. ein -t, im Konj. Präs. fehlt es im Pl. und auch im Sg. Daran erkennt man auch bei schwachen Verben, wo kein Vokalwechsel erscheint, den Konj. Präs.:
Ind. *er lobet* Konj. *daz er lobe*

5) Der Konj.Präs. wird stets aus den Pluralformen gebildet, hat also keine ↗Hebung bzw. keinen ↗i-Umlaut.

6) 1. + 3. Prät. Sg. haben immer gleichen Stammvokal (hier **a** bzw. **uo**).

7) 2.Sg.Prät.Ind. hat im Mhd kein st, wird aber analog den jeweiligen Pluralformen mit i-Umlaut gebildet nach der ahd Endung -i. Sie heißt demnach in den Ablautreihen von I bis VII:
du rite, büge, würfe, næme, gæbe, lüede, vienge.

8) Die Konjunktivformen der 2.Sg.Prät. lauten ebenso, aber **mit** -st:
du ritest, bügest, würfest, næmest, gæbest, lüedest, viengest.

9) Der Konjunktiv Prät. wird wie im Präsens aus den jeweiligen Pluralformen gebildet, hat wegen ahd -i immer i-Umlaut.

10) Part. Prät. hat meist den gleichen Stammvokal wie Pl.Prät.Ind.:
z.B. *wir wurfen*, aber oft gebrochen, hier z.B. *geworfen* (↗Brechung vor ahd.-a-).

Übersetzung:
Im alemannischen Mhd. ist der Indikativ und Imperativ der 2. Pers. Pl. Präs. angeglichen an die 3. Pers.Pl. und lautet: *ir nement*, bzw. *nement!*

Im Neuhochdeutschen ist die 1.Ps.Sg.Präs.Ind. in Analogie zu einer mitteldt. Nebenform verändert (e statt i: ich **gebe**). Der Grund dafür ist die Herkunft Martin Luthers aus dem mitteldeutschen Dialekt: Hier wurde schon lange die 1.Ps.Sg. in Analogie zur 1. Ps.Pl. mit -e- gebildet. Dieser Sprachgebrauch wurde durch Luthers Bibelübersetzung über ganz Deutschland graphemisch verbreitet.

Im bairischen Dialekt allerdings blieben bis heute die mhd. Formen: „i gib's dir net, i nim's dir" usw. erhalten.

Die 3. Ps. Pl. Präs.Ind. hat das -t aufgegeben in Analogie zur 1. Ps. Pl. außer bei: sie sind, mhd. *sie sint*, aber *wir sîn* (nhd. wir sind = Aa zur 3.Pl., denn nhd. sind 1. und 3.Pl. immer gleich! = **Tendenz zur Formenvereinheitlichung.**)

2.2   Verben mit grammatischem Wechsel   (PWG §§ 136 f)

Bestimmte Verben zeigen bis heute einen **regelmäßigen Konsonantenwechsel** zwischen Präs. und Prät., z.b. ziehen, zog, gezogen oder leiden, litt, gelitten.

Dieser wird erklärt durch **Verners Gesetz**: In der 1. germanischen Lautverschiebung wurden die Tenues (p, t, k) verschoben zu den entsprechenden harten Reibelauten. Diese wurden intervokalisch erweicht (= stimmhaft gemacht), wenn der im Indoeuropäischen noch wechselnde Wortakzent **nach** dem Konsonanten lag. Das Gleiche gilt für den alten harten Reibelaut -s-. Aus dem Wechsel zwischen harten (stimmlosen) und weichen (stimmhaften) Reibelauten ergab sich im Ahd. der Wechsel zwischen **f** und **b, d** und **t, h** und **g, s** und **r** (dies auch Rhotazismus genannt).

I	d – t	*lîden, lîde,*	*leit, liten*	*geliten*
		ebenso: *brîden,*(= flechten), *mîden, nîden, rîden* (= drehen), *snîden*		
	h – g	*zîhen, zîhe*	*zêch, zigen*	*gezigen* (= zeihen)
		ebenso: *dîhen* (= gedeihen), *lîhen* (auch ohne Gramm. Wechsel), *rîhen* (= heften)		
	s – r	*rîsen, rîse*	*reis, rirn*	*gerirn* (= herunterfallen)
II	d – t	*sieden, siude*	*sôt, suten*	*gesoten*
	h – g	*ziehen, ziuhe*	*zôch, zugen*	*gezogen* (nicht aber fliehen)
	s – r	*kiesen, kiuse*	*kôs, kurn*	*gekorn* (= erwählen)
		ebenso: *friesen* (= frieren), *niesen, verliesen* (= verlieren)		
V	s – r	*wesen, wise*	*was, wâren*	*gewesen* (= sein)
		ebenso: *genesen* + *lesen* (beide aber auch Prät. Pl. mit s)		
		+ *jesen* (= garmachen)		
VI	h – g	*slahen, slahe*	*sluoc, sluogen*	*geslagen*
		ebenso: *twahen* (= waschen), *gewähenen* (= erwähnen)		
	f – b	*heffen, heffe*	*huop, huoben*	*erhaben*[1) (=heben)
VII	h – g	*vâhen, vâhe*	*vienc, viengen*	*gevangen* (= fangen)
		ebenso: *hâhen* (= hängen)		

1) *erhaben* —> erhoben beruht auf gelegentlicher Rundung von lang a zu lang o.

ESELSBRÜCKE					(von oben nach unten zu lesen)
	Friß	bleibt	f	—>	b
	die	Tante	d	—>	t
	Hälfte	Gerda	h	—>	g
	sonst	rund	s	—>	r

2.3 Konjugation der starken Verben

Infinitiv Präs.Sg. – Prät.Sg. – Prät.Pl. – Part.Prät.

Ia						Abl. + i
rîten[1]	ich rîte[1]	reit[2]	riten[3]	geriten[3]	[mhd.]	
reiten[1.]	ich reite[1.]	ritt	ritten	geritten	[nhd.]	Abl. + i

mhd. –> nhd.:
- 1 î –> ei: Diphthongierung
- 2 ei –> i: Analogieausgleich zum Pl.Prät.
- 3 t –> tt: Verdoppelung wegen Beibehaltung der Kürze vor -t

Ib					
dîhen[1]	ich dîhe	dêch[2]	digen[2]	gedigen[2] (= gedeihen)[mhd.]	
gedîhen[3]	ich gedîhe[3.]	gedieh[4]	gediehen[5,6]	gediehen[5,6] [nhd.]	

im Mhd.:
- 1 ê statt ei: vor germ. h monophthongiert ei zu ê
- 2 g: Gr. Wechsel h – g zw. Sg. u. Pl. Präteritum

mhd. –> nhd.:
- 3 î –> ei: Diphthongierung
- 4 ê –> ie: Analogieausgleich zum Pl. Präteritum
- 5 i –> ie: Dehnung in offener Tonsilbe; orth. ie
- 6 g –> h: Konsonantenwechsel aufgegeben zugunsten von h

IIa						Abl. +u
biegen[1]	ich biuge[2]	bouc[3]	bugen[8 9]	gebogen[4]	[mhd.]	
biegen[5]	ich biege[6]	bog[7]	bogen	gebogen[9]	[nhd.]	Abl. +u

im Mhd.:
- 1 biegen (aus ahd. biogan abgeschwächt; io Brechung vor ahd. a)
- 2 biuge aus ahd. biugu (mhd. monophthongiert zu lg. ü)
- 3 g – c mhd. Auslautverhärtung
- 4 o: Brechung u – o vor ahd a

mhd. –> nhd.:
- 5 ie monophthongiert zu lg. i
- 6 iu –> ie: Analogieausgleich zum Pl. Präsens
- 7 ou –> o: Analogie zum Pl. Prät.
- 8 u –> o: Analogieausgleich zum Part. Prät.
- 9 o –> lg.o: Dehnung in offener Tonsilbe

IIb					
bieten[1]	ich biute[2]	bôt[3]	buten[8 9]	geboten[4]	[mhd.]
bieten[5]	ich biete[6]	bot[7]	boten	geboten[9]	[nhd.]

im Mhd.:
- 1 s.o. IIa, 1
- 2 s.o. IIa, 2
- 3 ô statt ou: Monophthongierung ou zu ô vor Dentalen und germ h
- 4 s. o. IIa, 4

mhd. –> nhd.:
- 5 s. o.
- 6 s. o.
- 7 Langvokal orthogr. nicht bezeichnet
- 8 s. o.
- 9 s. o. IIa

IIIa						Abl. + Nas.
binden[1]	ich binde[1]	bant[2]	bunden	gebunden	[mhd.]	Abl. + Nas.
binden	ich binde	band[3]	banden[4]	gebunden	[nhd.]	+ Kons.

im Mhd.:
- 1 i statt e: Hebung von e – i vor Nas. + Kons. (westgerm.)
- 2 d – t: mhd. Auslautverhärtung

mhd. –> nhd.:
- 3 t –> d: Orth. Aufhebung der mhd Auslautverhärtung
- 4 u –> a: Analogieausgleich zum Sg. Prät.

IIIb	werfen	ich wirfe	warf	wurfen	geworfen	[mhd.]	**Abl. + Liqu.**
	werfen	ich werfe	warf	warfen	geworfen	[nhd.]	**+ Kons.**

im Mhd.: 1 Hebung von e – i vor ahd. u + i
2 o: Brechung u – o vor ahd. a
mhd. –> nhd.: 3 i –> e: Analogieausgleich zu mitteldt. Nebenform
4 u –> a: Analogieausgleich zum Sg. Präteritum

IV	nemen	ich nime	nam	nâmen	genomen	[mhd.]	**Abl. + einf. Liqu.**
	nehmen	ich nehme	nahm	nahmen	genommen	[nhd.]	**od. Nas. (vor od.**
							nach dem Vokal)

im Mhd.: 1 e – i: Hebung vor ahd. u, i
2 o wegen Brechung u – o vor ahd. a
mhd. –> nhd.: 3 e –> eh: Dehnung in offener Tonsilbe
4 i –> e: Analogie zur mitteldt. Nebenform
5 a –> ah: Dehnung in Analogie zum Plural
6 â –> ah: Langvokal bezeichnet durch h
7 m –> mm: mhd. kurze offene Tonsilbe; geschlossen durch mm
wegen unregelmäßiger Kürze vor -m

V	geben	ich gibe	gap	gâben	(ge)geben	[mhd.]	**Abl. + einf. Kons.**
	geben	ich gebe	gab	gaben	gegeben	[nhd.]	**(kein Liqu. od. Nas.)**

im Mhd.: 1 e – i Hebung vor ahd. u + i
2 b – p mhd. Auslautverhärtung
mhd. –> nhd.: 3 e –> e (lang): Dehnung in offener Tonsilbe
4 i –> e Analogie zur mitteldeutschen Nebenform
5 a –> a (lang): Dehnung in Analogie zum Plural
6 â –> a Langvokal orthogr. unbezeichnet

VI	laden	ich lade	luot	luoden	geladen	[mhd.]	**Abl. a – uo,**
	laden	ich lade	lud	luden	geladen	[nhd.]	**uo – a**

im Mhd.: 1 d – t: mhd. Auslautverhärtung
mhd. –> nhd.: 2 a –> a (lang): Dehnung in offener Tonsilbe
3 uo –> u: Monophthongierung zu langem u
2. u. 3. Sg. Schreibung des nhd. i -Umlauts (e –> ä) und Dehnung in
Analogie z. Pl.: 2. Sg. *du ledest* –> du lädst.

VII	vallen	ich valle	fiel	fielen	gevallen	[mhd.]	**sog. redupliz.**
	fallen	ich falle	fiel	fielen	gefallen	[nhd.]	**Verben**

mhd. –> nhd.: 1 v –> f: Schreibkonvention; Schon im Mhd. wechseln v und f
⚠ 2 ie –> ie: Monophthongierung zum Langvokal, geschrieben ie

Zur VII. gehören im Mhd. nur Verben mit lg. Wurzelsible = *falten* oder *slâfen!* Dazu mehrere
Verben, die schwach geworden sind:

bâgen (= schelten), *bannen, spannen, wallen, valten, w a l t e n , schalten, sweifen, heischen,*
v e r e i s c h e n (= fordern, fragen)

⚠ Klasse III – V: Bestimmung am besten durch Part. Prät., VI u. VII durch Prät.

27

2.4 Präterito-Präsentien

Das Präsens dieser Verben wird aus präteritalen Formen starker, ablautender Verben gebildet. Das neue schwache Präteritum wurde jeweils aus dem Infinitiv (= Pl.) gebildet. Deshalb Ablaut zwischen Sg. und Pl. Präs.:

ich darf – wir durfen, wie *ich warf – wir wurfen.*

	Präsens Pl. + Inf.	1. Sg.	Prät.	Part.Prät.	nhd. Bed.		Beisp.
I	*wizzen*	*weiz*	*wisse/wesse*[1] *weste*[2,3]	*gewest*	=	wissen	(wie *gerizzen*)
II	*tugen*	*touc*	*tohte*[6]	—	=	taugen (nhd.: swv)	(wie *bouc*)
III	*durfen*[4]	*darf* *du darft*[5]	*dorfte*[6]	*bedorft*	=	bedürfen, brauchen[9]	(wie *warf*)
III	*gunnen*[4,8]	*gan*	*gunde*[6]	*gegunnet*	=	gönnen	(wie *gewan*)
III	*kunnen*[4]	*kan*	*kunde/ konde*[6]	—	=	können, verstehen (geistig)	
III	*turren*	*tar*	*torste*[6]	—	=	wagen (ausgest.)	
IV	*suln*[7] *soln*	*sal/ sol* *du solt*[5]	*solde*[6]	—	=	schuldig sein, (Futur![10])	(wie *stal*)
V	*mugen*[4,7]	*mac* *du maht*[5]	*mohte*[6] *mahte*	—	=	können, vermögen (körperlich)[9]	(wie *lac*)
VI	*müezen*[4]	*muoz*	*muose*[1] *muoste*[2]	—	=	sollen, dürfen (Futur!)[10]	

Entwicklung zum Nhd.:

1) Der Wechsel zwischen z und s (*wizzen – wisse*) im Mhd. erklärt sich aus vorgerm. Formen. Ging dem -t- der präteritalen Endung ein -t- im Stamm (*wîtan, môtan*) voraus, so verschmolzen beide im Germ. zu ss (Primärberührungseffekt; vgl. PWG § 94) = *wesse,* -e wg. i > e vor ahd. -a. Bei *muose* ist nach Länge ss vereinfacht zu s.

2) *wesse* und *muose* wurden oft bereits im Mhd. durch ein sekundär eingeschobenes -t- verändert (*wesse – weste; muose – muoste*).

3) *weste* –> nhd. wußte geht über eine md. Nebenform mit -u-.

4) u –> ü, u –> ö: Phonetisch existieren teilweise schon mhd. Formen mit i-Umlaut aus häufigem Gebrauch im Konjunktiv, aus denen die nhd. Formen sich entwickelt haben, bei *kunnen* über *künnen* zu können; ebenso gönnen.

   Bei *müezen* war der i-Umlaut schon im Mhd. fest.

5) ⚠ Bei der 2. Pers.Sg.Präs. fehlt aufgrund einer altertümlichen Bildung der idg. 2. Ps.Sg.Prät. das s.

   Daher: *du darft, maht, solt,* ebenso *du wilt* zu *wellen*

6) -o- im Prät. erklärt sich durch Brechung vor ahd. -a-, bei *gunde* und *kunde* verhinderte teilweise die Nasalverbindung die Brechung.

7) *suln* und *mugen* haben im Inf. und Pl. Präs. Schwundstufe mit -u- statt Dehnstufe, dies in Aa zum Prät.Präs. der III. Reihe (*suln* im Gegensatz zu *hâlen, mugen* im Gegensatz zu *phlâgen*)

8) Zu *gunnen* gehört *verbunnen* (<-*ver-be-unnen*) = mißgönnen, Konjugation wie *gunnen.*

9) Dürfen nhd. „es ist erlaubt" wird erklärt über den negativen Gebrauch: „Du brauchst nicht" über „Du mußt das nicht tun" zu „Du darfst das nicht tun."
   Ebenso bei mögen:
   mhd. *ich enmac daz ezzen* = „ich kann das nicht essen" über „das mag ich schon essen" zu „das habe ich gern".

10) *suln* und *müezen* wird im Mhd. zur Bezeichnung des Futurs gebraucht. Das Verb *werden* existiert nur für das Passiv.
    wellen (s.u.) wird auch, wie *müezen* und *suln* futurisch gebraucht, d.h. *wellen, müezen, suln* statt nhd. werden.

Unregelmäßig außerdem:
wellen, wil, wolde = wollen
Dies stammt aus alten **Optativformen**, ist also kein PP.
(Modus- statt Tempusverschiebung)

wellen zu wollen: o aus einer md. Nebenform

2.5 Wurzelpräsens

(PWG §§ 279 ff)

Sie haben lauter einsilbige Präsensformen, 1. Sg. endet auf -n (ich bi**n**); alle Infinitiv-Formen sind einsilbig.

⚠ *gên* und *stên* sind daher keine kontrahierten Formen, sondern die Flexionsendung trat hier unmittelbar an die Wurzel.

Konj. Präs. ohne -n: *daz ich* **gâ,** *stâ, sî, tuo*;
Konj.Prät.   *ich tæte* = mit i-Umlaut

Da die Präteritalformen (außer bei *tuon*) von anderem Stamm sind:

ahd *gangan* VII, *stantan* VI *wesan* V

spricht man hier von **Wurzelpräsens**.

Inf.+Pl.Präs	Präs.Sg.	Prät.Sg.	Prät.Pl.	Partizip	
tuon	*ich tuon*	*ich tete*[1]	*tâten*	*getân*	= tun
gên + *gân*	*ich gân*	*ich gienc* (+*gie*[2])	*giengen*	*(ge)gangen*	= gehen
stên + *stân*	*ich stân*	*ich stuont*	*stuonden*	*gestanden*	= stehen
sîn[3]	*ich bin*	*ich was*	*wâren*	*gewesen*	= sein

1) redupl. Prät.

2) *gie* ist eine Kurzform.

3) *sîn* hat 3 verschiedene Wurzeln:

    1. idg. **es* (Vollstufe), vgl. lat. *est* germ. *ist*, dazu idg. Schwundstufe **s* (anlautend lat. *sunt* – germ. *sint*)
    2. **b* idg. *bhu* vgl. lat. *fui*, ahd. *ih bin, du bist, wir birn, ir birt*
    3. Präteritalformen von anderem Stamm: *wesen*.
    (Der Imp. von *sîn* heißt *bis*, von *wesen* = *wis* , daher die Vermischung von *sîn* und *wesen*).

⚠ Erst zum Nhd werden *gên* und *stên* zweisilbig in Analogie zu den übrigen Infinitiven: ge – en, ste – en;
dann erst -h- als Gleitlaut eingefügt: gehen, stehen.

2.6 j-Präsentien

(PWG § 254)

Präs. Stamm hatte -j-, das geminierte und umlautete bzw. hob:

sitjan – sitten –> sitzen

Inf.+Pl.Präs	Präs.Sg.	Prät.Sg.	Prät.Pl.	Partizip
V *bitten*[2]	*bite*[1]	*bat*	*bâten*	*gebeten*
liggen[2] *(ligen)*[1]	*lige*[1]	*lac*	*lâgen*	*gelegen*
sitzen[2]	*sitze*	*saz*	*sâzen*	*gesezzen*

1) Der einfache Konsonant im Sg.Präs. bei *bite* und *lige* rührt her vom Ausfall des geminierenden -j- vor ahd -is und -it.

2) -tt- bei *bitten* entstand aus got. *bidjan, d* wurde ahd–>*t*, dann wegen *j* –>*tt*. -gg- bei *liggen* wegen -j-, -tz- bei *sitzen* aus vorahd. -tt-.

Inf.+Pl.Präs	Präs.Sg.	Prät.Sg.	Prät.Pl.	Partizip
VI *heffen*[1]	*heve*	*huop*	*huoben*	*erhaben*[2] = heben
(heven, heben)				

ebenso:

entseben	–	*entsaben*	= wahrnehmen
schephen	–	*erschaffen*	= erschaffen
swern	–	*gesworn*[3]	= schwören[3]
gewähenen[1]	*gewuoc*	*gewuogen*	*gewagen* = erwähnen

1) *heffen* und *gewähenen* sind Verben mit ⟋Gramm. Wechsel.

2) *erhaben* –> erhoben erklärt sich aus gelegentl. Rundung von lg a zu lg o im süddt. Raum.

3) *gesworn* und schwören: o und ö wegen Rundung durch w.

Inf.+Pl.Präs	Präs.Sg.	Prät.Sg.	Prät.Pl.	Partizip
VII *erjen (erren, ern)*	*erre*	*ier*	*ieren*	*garn* = pflügen

2.7 Besondere Formen (PWG §§ 267 f)

❒ **Stark u.schwach gemischt**

Präsens stark, Präteritum meist schwach:

IIIa	*beginnen*	*began +*		*begunnen +*	
		begunde	Pl. *begunden*	*begunst*	
			Pl. Prät. immer sw.!		
IIIa	*bringen*	*(branc)*			
		brâhte	*brâhten*	*brâht* (ohne ge-)	

komen hat viele verschiedene Formen: (PWG § 248 A.1)

IV	*komen*	*ich kome*	*kam*	*kâmen (alem)*	*komen*
	+ kumen	*kume*	*quam,*	*quâmen (md.)*	*komen*
	+ kemen	*kime*	*kom* ⚠	*kômen* (nur bair.!)	*komen*

    (ahd. Inf. *queman*, gespr. kweman, daher Rundung durch w zu *komen*)

❒ **Part. Prät. ohne ge-** (PWG § 243)

⚠   *funden, komen, troffen, worden + brâht*

    mit er –: *erhaben* (zu *heffen*), *erloschen* (zu *leschen*)

**E
S
E
L
S
B
R
Ü
C
K
E**

Ich **kam** zu Karla

und **traf** Trine.

Sie **brachte** Brötchen.

Wir **fanden** was Fabelhaftes

und **wurden** wonnevoll.

2.8 Schwache Verben

2.8.1 Schwache Verben mit sog. Rückumlaut (Ru)
(nach Grimm)   (PWG §§ 257 f)

Grimm glaubte, daß der i-Umlaut, der bei brennen z.b. im Präsens vorhanden ist, im Präteritum rückgängig gemacht worden sei, deshalb die Bezeichnung „Rückumlaut".

Der **Wechsel im Stammvokal** (Präs. u. Part. mit i-Umlaut, Prät. ohne i-Umlaut) erklärt sich folgendermaßen:

Es handelt sich um **schwache -jan-Verben mit langer Wurzelsilbe** (Langvokal bzw. Kurzvokal + Doppelkonsonanz).

Der im Gotischen noch vorhandene Bindevokal -i- war im Präteritum und im flektierten Partizip bereits vorahd. ausgefallen, und zwar aufgrund des **Dreisilbengesetzes** (= in Wörtern mit drei Silben, in denen die Stammsilbe lang ist, wurde der unbetonte Mittelvokal synkopiert).

Deshalb konnte dort **kein i-Umlaut** mehr erscheinen.

Es ergeben sich daher folgende Formen:

	Präs.	Prät.	Part.	flektiertes Partizip
got.	*brannjan*	*brannida*		
ahd.	*brennen*	*branta*	*gibrennit*	
mhd.	*brennen*	*brante*	*gebrennet*	*ein gebranter*
	lœsen	*lôste*	*gelœset*	*ein erlôster*

Das flektierte, nicht umgelautete Partizip wird teilweise bereits mhd. statt des unflektierten Partizips gebraucht:

ez hat gebrant (statt: *gebrennet*).

Bei den nachfolgenden Beispielen gibt es einige, in denen Doppelformen (D) existieren. Es handelt sich dann um ursprünglich kurzwurzelige Verben (z.B. *seln, salte* od. *selte* D), wo der Bindevokal nicht ausgefallen war, oder um Verben, die im Ahd bereits <iu> oder<ê> hatten (was kein i-Umlaut von û bzw. â sein kann, da diese ahd. noch nicht umlauten!), z.B.

diuten, dûte + diute (+ iu) oder *kêren, kârte + kêrte* (+ ê).

Die unumgelauteten Formen im Prät. erscheinen in Analogie zu den übrigen Verben mit Ru.
Ebenso gibt es nebeneinander

decken, dahte (h: wegen k vor t zu h!) + *dacte.*

Doppelkonsonanten im Präsens sind durch das -j- verursacht, daher fehlen sie im Präteritum:

knüpfen – knufte; setzen – sazte.

Verben mit Rückumlaut sind wie alle schwachen Verben aus anderen Wörtern (Subst., Adj., Verben) abgeleitet und daher oft Faktitiva, z.B.:

heilen	=	heil machen
effen	=	zum Affen machen
vüeren	=	*varn* machen (aus *fuorjan*)
setzen	=	sitzen machen

Zum Nhd. hin werden diese Formen vereinheitlicht, außer bei den folgenden Verben:

kennen, nennen, rennen, senden und wenden.

Alphabetische Übersicht:

antwürten	–	*antwurte*	antworten
benken	–	*bancte*	Bänke aufstellen
beswæren	–	*beswârte*	beschweren
bewæren	–	*bewârte*	bewähren
blæjen	–	*blâte*	blähen
blenden	–	*blante*	blenden
blicken	–	*blihte*	blicken
blüejen	–	*bluote*	blühen
brennen	–	*brante*	verbrennen
brüejen	–	*bruote*	brühen
bücken	–	*bucte*	bücken
büezen	–	*buozte*	büßen
decken	–	*dahte+c*	bedecken
derren	–	*darte*	dörren

34

diuten	–	*dûte+iu D!*	deuten
dræjen	–	*drâte*	drehen
drücken	–	*druhte+ct*	drücken
dürsten	–	*durste*	dürsten
effen	–	*afte*	zum Affen machen
enden	–	*ande*	beenden
erben	–	*arbte*	erben
ergetzen	–	*ergazte*	ergötzen
erschrecken	–	*erschrahte+ct*	erschrecken
erzöugen	–	*erzougte*	bezeugen
füegen	–	*fuogte*	zusammenfügen
füeren	–	*fuorte*	führen
füllen	–	*fulte*	füllen
genüegen	–	*genuogte*	genügen
gesten	–	*gaste*	sich schmücken
grüezen	–	*gruozte*	grüßen
gürten	–	*gurte*	gürten
heften	–	*hafte*	heften
hengen	–	*hancte*	aufhängen
hetzen	–	*hazte*	hetzen
hœnen	–	*hônte*	höhnen
hœren	–	*hôrte*	hören
hüeten	–	*huote*	hüten
kennen	–	*kante+-de*	kennen
kêren	–	*kârte+ê D!*	kehren, wenden
knüpfen	–	*knufte*	knüpfen
küelen	–	*kuolte*	kühlen
kürzen	–	*kurzte*	kürzen
küssen	–	*kuste*	küssen
lenden	–	*lante*	landen
lêren	–	*lârte+ê D!*	lehren
leschen	–	*laschte*	auslöschen
letzen	–	*lazte*	erfrischen und verletzen
liuhten	–	*lûhte+iu D!*	leuchten

35

læsen	*lôste*	lösen
löugenen	*lougente*	leugnen
lüejen	*luote*	brüllen
lüsten	*luste*	gelüsten
mengen	*mancte*	vermengen
merken	*marhte+ct*	merken
merren	*marte*	hindern
müejen	*muote*	mühen, ärgern
nennen	*nante+-de*	nennen
nützen	*nuzte*	nützen
öugen	*oucte*	erspähen
phenden	*phante*	pfänden
queln	*qualte+e D!*	quälen
recken	*rahte+ct*	recken
rennen	*rante*	rennen
retten	*ratte*	retten
rücken	*ruhte+ct*	rücken
rüegen	*ruogte*	rügen
rüemen	*ruomte*	rühmen
rüeren	*ruorte*	rühren
sæjen	*sâte+æ D!*	säen
sälwen	*salte*	beschmutzen
schellen	*schalte*	tönen, lärmen
schenken	*schancte*	einschenken + verleihen
schetzen	*schazte*	schätzen
schrecken	*schrahte+ct*	erschrecken
schüpfen	*schufte*	stoßen
seln	*salte+e D!*	verkaufen
senden	*sante*	senden
senften	*sanfte*	besänftigen
setzen	*sazte*	setzen
smecken	*smahte+ct*	schmecken, riechen
sperren	*sparte*	sperren

36

sprengen	*sprancte*	sprengen
stecken	*stahte+ct*	stecken
stellen	*stalte*	stellen
stepfen	*stafte*	stapfen
sterben	*starbte*	töten
sterken	*starcte*	stärken
stiuren	*stûrte+iu D!*	steuern
strecken	*strahte+ct*	strecken
swenden	*swante*	verschwenden
tœten	*tôte*	töten
trenken	*trancte*	tränken
trennen	*trante*	trennen
triuten	*trûte+iu D!*	lieben, kosen
trœsten	*trôste*	trösten
tweln	*twalte+e D!*	verweilen
üeben	*uobte*	üben
vælen	*vâlte*	verfehlen
vellen	*valte*	fallen
vesten	*vaste*	festsetzen, -halten
verderben	*verdarbte*	verderben machen
versmæhen	*versmâhte*	verschmähen
versüenen	*versuonte*	versöhnen
vüeren	*fuorte*	führen
wænen	*wânde*	glauben, hoffen
wecken	*wahte*	wecken
weln	*walte+e D!*	wählen
wenden	*wante*	wenden
wünschen	*wunschte*	wünschen
würgen	*wurgte*	würgen
zeln	*zalte+e D!*	zählen
zerklecken	*zerklahte+ct*	bersten machen
zerren	*zarte*	zerren
zücken	*zuhte+ct*	herausziehen
zünden	*zunte*	anzünden
zürnen	*zurnte*	zürnen

2.8.2 Besondere Gruppe von schwachen Verben mit Vokalwechsel
(PWG § 266)

Folgende schwache Verben haben das Präteritum und das Partizip schon immer **ohne Bindevokal** gebildet (also hier kein Wechsel zwischen Präteritum und Partizip!)

Im Gegensatz zu anderen schwachen Verben bilden sie den Konj.Prät. mit i-Umlaut:

denken	– *dâhte*	– *gedâht*	(Konj. *dæhte*)
dünken	– *dûhte*	– *gedûht*	(Konj. *diuhte*)
fürhten	– *forhte*	– *geforht*	(Konj. *förhte*)
würken	– *worhte*	– *geworht*	(Konj. *wörhte*)
bringen	– (*branc*) *brâhte*	– *brâht*	(Konj. *bræhte!*) st. u. sw.

Der Wechsel bei *denken* + *dünken* zu *dâhte* + *dûhte* beruht auf der Regel k vor t zu h: (Primärberührungseffekt, PWG § 94).

Vor -h fällt dann das -n- aus unter Ersatzdehnung (PWG § 36).

2.9 Tempus (PWG §§ 304 ff)

Im Mhd. gab es noch kaum Spezifizierungen durch analytische Tempusformen zur Differenzierung der Zeitstufen. Erst allmählich bildeten sich umschreibende Formen heraus, z.b. für das Futur und das Plusquamperfekt (z.b. er wird schlagen, er hatte geworfen). Diese Zeitstufen erden im Mhd. vor allem durch die einfachen Formen des Präsens und des Präteritums bezeichnet. Bei der Übersetzung der Tempusformen ist also darauf zu achten, daß die zeitliche Staffelung erfaßt wird.

Präsensformen können **futurische Bedeutung** haben:

> *die nû vil lîhte mîn enbernt, die* **windent** *noch ir hende*
> = die mich jetzt gut entbehren können, **werden** noch ihre Hände **winden.**

Vor allem durch *ge-* intensivierte Präsensformen können futurische Bedeutung haben:

> *ich weiz vil wol waz Kriemhilt mit diesem schatze* **getuot**
> = ich weiß genau, was Kriemhild mit diesem Schatze **tun wird**

Futur wird häufig auch mit *müezen, suln, wellen* umschrieben.

Die Umschreibung mit **werden** tritt noch sehr selten auf. Sie entwickelt sich aus **werden** + Part. Präs. und bezeichnet ursprünglich den Beginn einer Handlung oder eines Zustandes (inchoativ):

> *jâ* **wirt** *ir* **dienende** *vil manic wætlicher man*
> = manch stattlicher Mann **wird** ihr **dienend** („ein Dienender")
> —> **wird** ihr **dienen**

Die Entwicklung vom Part. Präs. zum Inf. wird durch Abschleifung erklärt.

Präteritalformen können als Plusquamperfekt übersetzt werden:

> *unz in daz lant vuor der künec Artûs, als er* **swuor**
> = bis der König Artus in das Land reiste, wie er es **geschworen hatte**

Vorvergangenheit ist vor allem dann anzunehmen, wenn Präteritalformen durch *ge-* intensiviert werden:.

> *als der künec Gunther die rede wol* **gesprach**
> *Hagene der küene den guoten Rüedegeren* **sach**
> = nachdem der König Gunther die Rede zu Ende **gesprochen hatte,**
> **sah** der kühne Hagen den guten Rüdiger

3 Andere Wortarten

3.1 Deklination der Substantive (PWG §§ 174–194)

Im Mhd. nach Schwächung der vollen Endsilbenvokale Vermischung und Reduktion der alten Flexionsklassen. Nur mehr Unterschied zwischen stark und schwach und den Genera (Differenzierung nach Endungen).

Zum Nhd. zunehmende Pluralmarkierung, vor allem bei Neutra durch Umlaut. Bei den Feminina Mischklassen: Sg. stark, Pl. schwach, um den Akk. Sg. vom Pl. zu unterscheiden.

▶ Schwache Deklination
(außer im Nom. Sg. + Akk. Sg. Neutrum immer **-n**!)

		mask.	fem.	neutrum	(PWG §§ 186, 188)
Sg.	N	*bote*	*vrouwe*	*herze*	
	G, D	*boten*	*vrouwen*	*herzen*	
	A	*boten*	*vrouwen!*	*herze**n***	

⚠ Es gibt nur vier sw. Neutra: *herze, ouge, ôre, wange*.

Pl. N, G, D, A alle **Endungen auf -en!**

▶ Starke Deklination (PWG §§ 176 ff)
(-n nur im Dat.Pl. aller Genera, aber beim Femininum auch im Gen.Pl., außer bei i-Stämmen)

		mask.		fem.		neutrum	
		i-Stämme		i-Stämme			ir-Stämme
Sg.	N+A	*tac*	*gast*	*klage*	*kraft*	*wort*	*rat* (= Rad)
	G	*tages*	*gastes*	*klage*	*krefte*	*wortes*	*rades*
	D	*tage*	*gast*	*klage*	*krefte*	*worte*	*rade*
Pl.	N+A	*tage*	*geste*	*klage*	*krefte*	*wort!*	*reder*[1]
	G	*tage*	*geste*	*klagen*	*krefte*	*worte*	*reder*
	D	*tagen*	*gesten*	*klagen*	*kreften*	*worten*	*redern*

1) mhd. neutr. ir-Stämme = „Hühnerhof-Dekl.": *huon - hüener etc.*

Hauptunterschiede zwischen Mhd. und Nhd.

Mhd.:

1. Die Neutra (außer ir-Stämme) sind in N.Pl. unflektiert: *daz wîp* – **diu wîp.**

2. Starke Feminina enden im Pl. auf -e: *diu zît* – **die zîte.**

3. Starke Feminina der i-Deklination weisen teilweise auch im G u. D. **Sg.** den i-Umlaut auf:

   N   *diu kraft*
   G.D. *der krefte.* = nhd. der Kraft.

Nhd.:

1. Die Neutra haben alle einen markierten Plural, meist aus der ir-Dekl.:

   Wort – Pl. Worte oder Wörter; Buch – Bücher

2. Auch Mask. haben teilweise den Pl. der ir-Stämme übernommen:

   mhd. Sg. *geist* – Pl. *geiste*
   nhd. Sg. Geist – Pl. Geister

3. Einige ursprünglich im Mhd. schwache Mask. haben an die Endung -en das Genitiv-s (Kennzeichen für st. Dekl.) angehängt:

   Friede – des Friedens

4. Alle Feminina (außer den i-Stämmen) weisen heute **Mischdeklination** auf, d.h. Sg. starke, Pl. schwache Dekl., wegen besserer Unterscheidung der Akkusative:

   Mhd. Akk.Sg. *die vrouwen* – Akk.Pl. *die vrouwen*
   Nhd. Akk.Sg. die Frau   – Akk.Pl. die Frauen

5. Nhd. starke Femina nur noch bei i-Stämmen, z.B.

   Ängste, Brüste, Lüste, Künste

3.2 Bestimmte Artikel und Demonstrativa

▶ **Artikel**

		mask.	neutr.	fem.
Sg.	N	der	daz	diu[1]
	G		des[2]	der
	D		dem	der
	A	den[3]	daz	die
Pl.	N	die	diu[4]	die
	G		der	
	D		den[5]	
	A	die	diu[4]	die

▶ **Demonstrativa**

		mask.	neutr.	fem.
Sg.	N	diser, dirre[6]	ditze, diz	disiu[1]
	G		dises, disse	diser, dirre[6]
	D		disem	diser, dirre[6]
	A	disen	ditze, diz	dise
Pl.	N	dise	disiu[4]	dise
	G		diser, dirre[6]	
	D		disen	
	A	dise	disiu[4]	dise

1) *-iu fem.* m u ß N Sg. sein.

2) mhd.**des** = nhd. des (Art.) o d e r : des**sen** (Relativpronomen nhd. flektiert, zur Unterscheidung vom Artikel)

3) mhd. **den** = den (Akk. Sg.)

4) *-iu N* oder **Akk** Pl. m u ß **neutr.** sein.

5) mhd. **den** = den (Dat. Pl.) o d e r : den**en** (Relativpronomen s.o.)

6) Die Form *dirre* kann N Sg m *oder* G, D Sg f *oder* G Pl.m, n, f sein!

3.3   Pronomen (PWG § 213 f)

▶ **Personalpronomen**

Sg.	mask.	neutr.	fem.
N	er	ez	*siu*[1]
G	es,	*sîn*	*ir*
D		*im(e)*	*ir*
A	*in*[3]	ez	*sie*

Pl.	mask.	neutr.	fem.	2. Ps. Pl.
N	*sie*	**siu**[1]	*sie*	*ir*
G		*ir*	*ir*	*iuwer*
D		*in* (= ihnen)[3]	*in*[3]	**iu**[2]
A	*sie*	**siu**[1]	*sie*	*iuch*

⚠ 1. N **Sg.** *siu* = fem, N + A **Pl.** *siu* = neutr!

2. mhd. 2. Ps. Pl. Dat. *iu;* nhd. = **euch** = Synkretismus (Zusammenfall) von Dat und Akk.

3. *in* = ihn (A Sg.) o d e r **ihnen** (D Pl.) a b e r a u c h in, hinein!

▶ **Possessivpronomen**

sind gebildet aus dem Genitiv der Personalpronomen.

⚠ Nom. Sg. aller Genera ist **im Mhd. endungslos:**

mîn, dîn, sîn, unser, iuwer, ir vrouwe = nhd. meine, deine ... Herrin.

ir ist immer unflektiert: *er nam* **ir** *hende; vor* **ir** *herren.*

▶ **Reflexivpronomen**

Wie nhd. mir und mich im Mhd. auch 3. Ps. Sg. u. Pl. verschieden im Dat. und Akk.:

Dat. Sg. refl. *im, ir* Pl. *in: er twuoc* **im** *die hende* = er wusch **sich** die Hände; *sie twuogen* **in** *die hende* = sie wuschen **sich** die Hände

Akk.Sg.refl. *sich, sich* – Pl. *sich: er sach sich an* = er sah sich an

43

3.4   Adjektive und Adverbien   (PWG § 196 ff)

3.4.1   Adjektive

Im Mhd. wie im Nhd. kann jedes Adjektiv auf drei verschiedene Weisen dekliniert werden:

1. **endungslos** (bei prädikativem Gebrauch):   Das Kind ist **gut**.
2. **stark** flektiert (bei unbestimmtem Artikel):   ein gut**es** Kind.
3. **schwach** flektiert (bei bestimmtem Artikel):   das gut**e** Kind.

Diese Regeln gelten jedoch im Mhd. nicht durchgehend, in jeder Stellung können auch die jeweils anderen Formen stehen:

> *der guot**er** wîn* (stark nach bestimmtem Artikel!)
> *ein schoen**e** wîp* (sw. nach unbestimmtem Artikel!)
> *der wîn ist **guoter*** (st. in präd. Stellung!).

Jedes Adjektiv kann nachgestellt werden (endungslos oder stark):

> *der winter kalt* (endungslos)
> *der helt guot**er*** (stark)

Nach Possessivpronomen kann das Adjektiv st., sw oder endungslos sein:

> *dîn süez**iu** güete* (st.)
> *sîner lieb**en** swester* (sw.)
> *iuwer grôz unschulde* (endungslos).

▶ **Starke Flektion**

Sg.	mask.	fem.	neutr.
N	*blinder*	*blindiu*[1]	*blindez*[1]
G	*blindes*	*blinder*	*blindes*
D	*blindem*	*blinder*	*blindem*
A	*blinden*	*blinde*	*blindez*[1]

Pl.			
N	*blinde*	*blinde*	*blindiu*[1]
G	*blinder*	*blinder*	*blinder*
D	*blinden*	*blinden*	*blinden*
A	*blinde*	*blinde*	*blindiu*

▶ Schwache Flektion

Sg.	mask. + fem.	neutr.
N	*blinde*	*blinde*
G	*blinden*	*blinden*
D	*blinden*	*blinden*
A	*blinden*[2]	*blinde*

Pl.

alle Kasus	*blinden*	*blinden*

Vom Nhd. weichen ab:

1) stark: N.Sg.fem *-iu*, N + A neutr. *-ez*, Pl. N + A neutr. *-iu*;

2) schwach: Akk.Sg.fem. *-en*! neuhochdeutsch *-e*

⚠ Zweifel, ob das **Adj. stark oder schwach,**ist nur möglich
 – im Dat.Pl. aller Genera, da st. **und** sw. dort *-en* hat
 – im Akk.Sg.mask., da dort auch st. mit *-en* .

Sonst: *-en* = sw, alles andere = st.

⚠ **Zum Nhd.** Änderung im sw. Akk. Sg. fem.:

Mhd. *-en* –> nhd. *-e*: Synkretismus (Zusammenfall) von Nom. und Akk.Sg. fem. zur Unterscheidung von Sg. und Pl.:

mhd. *ich sihe **die** blinden vrouwen.*

die blinden vrouwen kann mhd. sowohl Sg. als auch Pl. sein!

⚠ **Adjektive im präd. Gebrauch** (eigtl. endungslos) können mhd. gleich-wohl auf *-e* enden, denn viele Adjektive haben *-e* im Stamm: ahd. *sconi* – mhd. *schoene*). Dies gilt besonders für Adj. mit i-Umlaut:

küene, alwære, kiusche, cleine, rîche,
Ebenso alle Part. Präs.: *lebende.*
Also: *sie was schœne* (prädikativ) = endungslos!

Komparativ Nom. Sg. immer ohne *-e*:

*der leng**er** stoc*
*diu leng**er** mûre*
*daz leng**er** bant*

45

▶ **Besondere Steigerungsformen** (Suppletiv-Formen)

Komparativ und Superlativ aus anderem Stamm gebildet:

guot	–	*bezzer*	–	*bezzest*	+ *beste* (Synkope aus *bezzeste*)
übel	–	*wirser*	–	*wirsest*	+ *wirste*
michel	–	*mêre*	–	*meiste*	
lützel	–	*minner* + *minre*	–	*minnest*	+ *minste* (= klein)
laz (= faul)	–	—	–	*lezzeste*	+ *leste* (= der letzte) (Synkope)

Tips für die Staatsexamensvorbereitung

Zur Bestimmung der Adjektive gehört:

- Verwendung (attributiv oder prädikativ)?
- genaue morphologische Bestimmung:
  Genus, Kasus, Numerus?
  stark/schwach?
- Begründung für stark/schwach:
  Gibt es Artikel, und welchen?
- Stellung (prä- oder postnominal)?

! Alle Abweichungen vom nhd. Gebrauch feststellen!

3.4.2 Adverbien   (PWG §§ 205 ff)

▶ **Adverbien haben im Mhd. eine eigene Morphologie.**

Viele Adverbien werden aus dem gleichen Stamm wie Adjektive gebildet; sie haben fast immer die Endung *-e*:

lanc – *lange*
hôch – *hôhe*

Daneben finden sich noch die Endungen *-lîche*, *-lîchen* sowie *-e* und *-en* aus Dativformen.

46

▶ Besondere Formen der Adverb-Steigerung

wol (= gut)	–	*baz*	–	*beste*
übel (= schlecht)	–	*wirs*	–	*wirsest, wirste*
mê	–	*mêre*	–	*meist(e)*
wênec	–	*minner*	–	*minnest*
ê	–	*êre*	–	*êrste* (= ehe, eher, zuerst)

▶ Adjektive mit -ja- Stämmen haben i-Umlaut, die entsprechenden Adverbien haben keinen:

ahd.   *sconi*   =   Adj.
        scono   =   Adv.

Daher:

Adj.		**Adv.**	
senfte		*sanfte*	
swære		*swâre*	
dræte		*drâte* (= schnell)	
schœne		*schône*	–> schön (Adj. + Adv.) + schon (Zeitadv.)
feste		*faste*	–> fest (Adj. + Adv.) + fast (= beinahe)

▶ Steigerungsadverbien

Adverbien werden im Mhd. oft zur Steigerung von Adjektiven benützt:

al-, aller-	*dicke* (= oft)
gar (= ganz und gar)	*genuoc* (= hinreichend, viel)
harte (= sehr)	*michel* (= sehr)
mitalle (= durchaus, vollständig)	*rehte* (= gerade, richtig)
vaste (= sehr)	*verre* (= weitaus)
vil (= sehr)	*vol* (= ganz)
wol (= gut, sicher, bestimmt – stärker als nhd. wohl!).	

▶ Im Nhd. haben Adverbien keine keine eigene Morphologie mehr, im Gegensatz zum Mhd., wo bei zusammengesetzten Adjektiven die Endung *-lîch*, bei Adverbien aber *-lîche, -lîchen*, auch *-eclîche* zu finden ist.

Also: nhd. Synkretismus von Adj. und Adverb.

4 Einige Fragen zur Syntax

4.1 Negation (PWG §§ 436 ff)

Negation wird im Mhd. ausgedrückt durch

● **Negationspartikel**

en- (proklit.)   *ich enhabe* = ich habe nicht
-ne (enklit.)   *ichne, ine, ichn* und *in*!
                   (jeweils **vor** dem konj. Verb!)

Die usprüngliche Negationspartikel im Ahd. war einfach *ne* (*en-*). Ihr wurde zunächst pleonastisch *niht* beigesellt (*niht* aus ahd. *nio wiht* = nicht ein Wesen, also niemand, nichts.) Seit dem 12.Jh. ist diese doppelte Verneinung fast unentbehrlich.

● **Adverbien**

niht = nicht, in keiner Weise
nie, niemer = niemals
niene = durchaus nicht
niener, niender, nirgen = nirgendwo, durchaus nicht

● **Pronomina**

nieman = niemand, keiner
nehein und *deh(ch)ein* (**dechein** kontrahiert zu **kein**) = kein
neweder = keiner von beiden

● **Konjunktionen**

noch = und nicht, auch nicht, nicht einmal
noch – noch, neweder – noch = weder noch

● **Untertreibende Bezeichnung**

lützel, wênec (+ Genitiv) = nichts oder nicht !
kleine = nicht, und: garnicht!
kûme, selten = niemals!

- **Wechsel zwischen positiver und negativer Bedeutung**

⚠ *dehein* und *kein* kann positive *und* negative Bedeutung haben:

... *mit deheinem liste* = mit irgendeiner Kunst
... *des ist zwîfel dehein* = daran ist kein Zweifel

- ***ie, iht, iener, iender***

können in Finalsätzen mit *daz* (= damit) negativ übersetzt werden, z.b.:

... *der abbet riet mir, daz ich es **iht** verbære*
= der Abt riet mir, daß ich es **nicht** unterließe.
(aber: *sage mir, ob dir **iht** werre* = sage mir, ob dich **etwas** quält!)

- ***ich wæne***

wirkt ähnlich:

*herre, **ich waen**, diz **ie** geschach*
= Herr, ich glaube, daß dies **nie** geschehen ist

(ich) waene wird häufig parenthetisch in einen Satz hineingestellt:

*si **waen** des lîhte enbæren der an der tür stât*
= sie, das glaube ich, würden denjenigen (*des*) gern entbehren, der an der Tür steht (um Wache zu halten).

- **Mehrere Verneinungen in einem Satz**

heben sich nicht auf, sondern wirken u.U. **verstärkend**. Die Verneinungspartikel *-ne* vor dem konj. Verb **und** zusätzlich das Adverb *niht* danach sind mhd. durchaus üblich, z.B.

*ichn gehôrt bî mînen tagen **nie** selches **niht** gesagen =*
= ich habe meiner Lebtag so etwas niemals gehört.

- **Satzgefüge**

Auch bei Satzgefügen besteht das Bedürfnis, die „negative Stimmung" an möglichst vielen Stellen, d.h. im Haupt- und im Nebensatz auszudrücken:

*daz **niemen** vrumen des verdrôz ern spraeche sîn êre*
= daß keinem Tüchtigen das zuviel wurde, daß er sein Lob aussprach.

4.2 Nebensätze (PWG § 447)

4.2.1 Abhängige verneinte Nebensätze ohne Konjunktion

Im Mhd. können abhängige Nebensätze auch ohne irgendeine Konjunktion stehen; sie werden allein durch *-ne/en-* und ein **Verb im Konjunktiv** bestimmt.

▶ Meist handelt es sich um **Exceptivkonstruktionen**. Hierbei schränkt der durch *ne-* negierte konjunktivische Nebensatz das im Hauptsatz Gesagte ein. (Hauptsatz meist ebenfalls negiert oder im Konjunktiv, im Futur oder im Optativ).

... mich enmac getrœsten nieman, sie **entuoz**
= mich kann niemand trösten, wenn sie es nicht tut

... diun **ner** *dich, du bist ungenesen*
= wenn sie dich nicht rettet, wirst du nicht geheilt

... irn **wellet** *mir volgen, ir habet den líp verlorn*
= wenn ihr mir nicht folgt, so habt ihr das Leben verloren
(Der NS kann vor oder nach dem HS stehen)

... ich singe niht, ez **welle** *tagen* (oder: *ez* **enwelle** *tagen*)
= ich singe nicht, es sei denn, es tagt.
(Der HS ist negiert, deshalb kann die Negation im NS fehlen)

... des sît ir iemer ungenesen,   got enwelle der arzât wesen
            oder   *got* **welle dan** *der arzât wesen*
= ihr werdet davon nicht geheilt werden, **außer wenn** Gott der Arzt sein wird (oder will)

Übersetzung also mit: wenn nicht, außer daß, außer wenn.

▶ Der durch *ne-* negierte NS im Konjunktiv kann auch das im HS Gesagte erläutern (oft im HS: *sô, solh*):

... ouch erkande ich nie **sô** *wîsen man, ern* **möhte** *künde hân welher stiure dise maere gernt*
= auch kannte ich keinen weisen Mann, daß er nicht gern erfahren hätte, was diese Geschichte nötig hat.

... dehein koufman hete ir site, ern **verdürbe** *dâ mite*
= kein Kaufmann hatte diese Art, ohne dabei zugrunde zu gehn

... ze kâmere enkunde ouch niht gesîn, Brangæne **enmüeze** *ez wizzen*
= im Zimmer konnte nichts sein, von dem B. nichts gewußt hätte.

Übersetzung also mit: daß nicht, ohne zu, Relativpronomen + nicht.

▶ Eine solche Konstruktion kann auch ergänzend sein; bes. nach einem verneinten Verb im Hauptsatz (oder einem mit neg. Bedeutung):

niht vergezzen, niht verdriezen, niht lân, erlân (= ablassen von):

... daz **enwil** *ich niht versprechen, ich* **ensæhe** *gerne den Rüedegêres lîp*
= das will ich nicht abstreiten, daß ich Rüdiger gern sähe (!)

... Parzival des **niht** *vergaz, ern* **holte** *sînes bruoder swert*
= Parzival vergaß nicht, seines Bruders Schwert zu holen.

Übersetzung also ohne Negation! NS mit „daß" oder „Infinitiv mit zu".

4.2.2 Abhängige Nebensätze (PWG §§ 443 ff)

Im Mhd. gibt es nur drei Arten von abhängigen Nebensätzen:

Indirekte Fragesätze eingeleitet durch

● Frageadverbien
mhd. *war* (wohin) *wannen* (woher), *wie, wenne* (wann)

● Fragepronomen
mhd. *wer, waz, weder* (welcher von beiden oder **ob**)

Relativsätze eingeleitet durch

● Relativpronomen
mhd. *der, diu, daz, swer, swaz, swelch, sweder*

● relative Adverbien
dar (= dorthin)
dâ (= dort)
dannen (= von dort weg)
swar, swâ , swannen (= überall wohin, überall wo, von überall her)
⚠ *unde* (Ersatz für jedes andere Pronomen, oft adversativ!)

Konjunktionalsätze, eingeleitet von **Konjunktionen**

- **temporal**
  1. *alsô* (= sobald als)
  2. *dô* (= damals)
  3. *ê daz* (= bevor)
  4. *sît* (= seitdem + kausal)
  5. *sô* (= dann; auch modal)
  6. *swanne* und *swenne* (auch konditional oder konzessiv)
  7. *unz daz* (= solange als)

- **konditional**
  ob (= falls, wenn), *swanne, swenne*

- **konzessiv**
  doch, swie (= obwohl, obgleich)
  ob (= wenn auch)
  sît (= obwohl)
  unde

- **kausal**
  wande, wand, wan (= denn oder weil)
  sît (= da, weil)

- **final**
  daz, durch daz (= damit)
  ûf daz (= auf daß)

- **konsekutiv**
  sodaz, daz (= so daß; auch modal-konsekutiv)

- **modal**
  sô, alsô, alse, sam (= sowie)
  swie (= wie auch immer)

- dazu **Objektsätze**
  ich sage iu, daz ich gên.

4.3 Einleitung von Sätzen

▶ Konjunktionen

Konjunktionen, Adverbien und Pronomen, auch Interrogativpronomen übernehmen als Einleitung von Sätzen oft mehrere semantische Funktionen:

- temporal (zeitlich)
- konditional (bedingend)
- konzessiv (einräumend)
- kausal (begründend)
- final (zum Zwecke)
- konsekutiv (in der Folge von)
- modal (die Art und Weise betreffend)
- lokal (örtlich)

alde	=	oder
aleine	=	obwohl, obgleich
		(konzessiv PWG § 445 A.2; § 461,3)
alsô, alse, als	=	Grundbedeutung: genauso wie, ganz wie, so wie
		(modal; PWG A § 464 f; K § 465,2)
bedaz, bidaz	=	währenddessen daß, indessen (temp. PWG § 459,7)
dâ	=	dort wo (immer lokal! PWG § 450)
danne, dan, denne	=	als (vergleichend, modal PWG §§ 396; 465,7)
dan, dannen	=	von woher (lokal! PWG § 450)
dar	=	dorthin wo (lokal PWG § 450)
dâ von	=	deshalb (kausal)
daz	=	daß, damit (final,PWG § 463)
		so daß (modal-konsek. PWG § 464)
durch daz	=	um dessentwillen daß, deshalb weil
		(kausal PWG §§ 462,4; 466,2)
ê daz	=	ehe, bevor (temp. PWG § 459,9)
fur daz	=	deshalb weil (kausal PWG § 463)
nû daz	=	nachdem nun
		(temp. PWG § 453; kausal = weil, PWG § 366,5)
ûf daz	=	auf daß, damit (final PM § 355,1)
des	=	1. dessen (Relativpron. PWG § 453)
		2. davon, deshalb (kaus. PWG § 366,5)
die wîle	=	solange wie, während (temp. PWG § 451)
dô	=	1. als, nachdem, indem, damals (temp. PWG § 459,1)
		2. weil (kausal)
doch	=	obgleich, wiewohl (konzessiv PWG § 461,1)

innen des	=	indessen, während (temp. PWG § 459,8)
joch	=	1. Konj.: und auch, sowie (konzess.)
		2. Adv.: auch, sogar (hinzufügend, wie „und")
mêre	=	fortan, von jetzt an (temp.)
niuwan	=	außer daß, außer wenn, ausgenommen
nû, nun(e)	=	1. als, wie nun, nachdem nun, jetzt
		(temp. PWG § 459,11)
		2. da nun (kausal, PWG § 462,2)
ob	=	1. wenn, falls (kondit. PWG § 460,1)
		2. wenn auch (PWG 461,5)
ob	=	ob (im direkten Fragesatz, PWG § 488)
ouch	=	auch (u.U. konzessiv PWG § 479,2)
sam, alsam	=	Adv.: in gleicher Weise wie (modal PWG § 224,2)
		Konj.: als ob, wie wenn (modal m. Konj. PWG § 465,4)
sît, sît daz	=	1. seitdem, nachdem (temp. PWG § 459,10)
		2. weil (kausal PWG § 461,1)
sô (s. alsô)	=	1. so wie (modal; PWG §§ 464ff)
		2. dann, wenn, als (temp. PWG § 459,3)
sô ie – sô ie	=	je desto (modal PWG § 465)
swâ	=	wo auch immer (PWG § 450)
swanne, swenne	=	wann immer, dann wenn, sobald als
		(temp. PWG § 459,2)
swannen	=	woher immer, von wo immer (PWG § 450)
swar	=	wohin auch immmer (PWG § 450)
swaz, swer	=	wer, was auch immer, alles was, jeder der (immer
		verallgemeinernd) (PWG §§ 410; 412; 450)
sweder	=	wer immer von zweien (PWG §§ 410; 412; 450)
swelch	=	welcher auch immer (PWG § 410 412, 450)
swie	=	1. sowie, (dann) wenn (temp. PWG § 459,13)
		2. wiewohl, obgleich (konz. PWG § 461,2)
		3. wie auch immer, ganz so wie (modal PWG § 465,5)
und(e)	=	1. ersetzt jedes Relat.Pron. (PWG § 451)
		2. als Konj. kann es konzessiv (PWG § 459,13), tem-
		poral (PWG § 459,14) kond. (PWG § 445 A.1) und
		modal (PWG § 465,3) gebraucht werden!
von diu	=	von dem, davon
ze diu	=	zu dem, dazu
wannen	=	von woher (lokal PWG § 452)
war	=	wohin (lokal PWG § 457)
wanne, wenne	=	wann (temp. PWG § 457)
weder	=	welcher von beiden (PM § 348; PWG § 411)

▶ wan (Konjunktion od. Partikel) mit Beispielen

1. **wande,** *want, wan* (Konj.) = denn, weil   (PWG § 462,3)
   1. HS: **wan** *es leit Job der guote...*
      = **denn** Hiob, der edle, litt (HS = denn)
   2. NS: *er hiez der ungenante,* **wand** *in nieman dâ bekante*
      = ... **weil** ihn da niemand kannte (NS = weil)

2. **wan daz** (excip.Part. u.Konj.) = außer daß, als daß (excipierend)
           (PWG § 466,4 A.2)

   mir wart niht anders dâ gesaget, **wan daz** *ich müeste hân ein maget*
   = mir wurde nichts anderes dort gesagt, **als daß** ich eine Jungfrau haben müßte.

3. **wan** (Präp.) = außer, nur vor Subst. u. Pron. im Nom.   (PWG § 466,4 A.2)

   si hete deheine vorhte mê, **wan** *eine vorhte diu tet ir wê*
   = sie hatte keine Sorgen mehr, **nur** eine Furcht quälte sie.

4. **wan?** (Part.) = warum nicht? (aus *wande ne = wanne*)   (PWG § 322 a)

   owê **wan** *lânt sie mir mîn liep?*
   = o warum lassen sie mir meinen Geliebten nicht?

5. **wan!** (Interjektion) = o daß doch!   (PWG § 322 a)

   wolte got, **wan** *wære ich tôt!*
   = wollte Gott, **daß** ich tot wäre!

4.4 Zum Genitivgebrauch im Mhd.

4.4.1 Beispiele

Funktion	semant. Subklasse	Beispiel
Subjekt	partitiv	*do reis im ûz einer swalwen des mistes in die ougen*
Objekt	Vb. der phys./geist. Hinwendung	*des ich mich gevlizzen habe*
	Vb.des Genusses und Widerwillens	*eines dinges niezen*
	Vb. des Redens oder Schweigens	*eines dinges jehen*
	Fügungen mit *niht*	*ich enhabe niht mannes*
	partitiv	*er tranc eines wazzers*
adverbial	temporal	*eines tages*
	lokal	*er gienc des weges*
	modal	*daz er prîses niemen gelîchen mac*
	kausal	*des einen slacs daz ors lac tôt*
prädikativ	qualitativ	*guoter dinge sîn*
	G. d. Zugehörigkeit	*sie sint des hûses*
	partitiv	*dînes gesindes wesen*
Attribut	G. d. Zugehörigkeit	*zer kemenâten tür*
	possessivus	*daz Nibelunges swert*
	subjectivus	*der küneginne haz*
	objectivus	*gotes minne* (= Liebe zu Gott!)
	partitivus	*vil des brôtes* (oft nach Mengenwörtern)
	qualitatis	*ein klûsen niuwes bûwes*
	explicativus	*er was ein bluome der jugent*
	G. d. Identität	*mit liebe staeter minne*
	G. d. Ausdehng.	*rosseloufes wît*
	comparationis	*aller tiere grimmer*
Rektionskasus mit Präpositionen		*valsches âne*

4.4.2   Verben mit Genitivobjekt   (PWG §§ 367 f)

Eines Dinges oder einer Person z.B. bedürfen

In der folgenden Liste verwendete Abkürzungen:

anv.	=	anormales Vb	Wp	=	Wurzelpräsens
swv	=	schwaches Vb.	Ru	=	Rückumlaut
I, II …	=	Ablautreihe			

bedriezen II	= darüber verdrossen sein
bedürfen (Prät. Präs.)	= bedürfen
begern swv	= verlangen
beginnen (anv)	= beginnen
betrâgen, sich swv	= sich begnügen
betragen, sich swv	= sich langweilen, verdrießen
bevilt mich swv	= es verdrießt mich
bewegen, sich V	= auf etwas verzichten; sich zu etw. entschließen
bîten I	= auf etwas warten
bresten IV	= mangeln
darben swv	= entbehren
dürfen Prät.Präs.	= bedürfen, brauchen
enbern IV	= entbehren
en(t)gelten III	= Schaden von etwas haben, bezahlen müssen
entstân, entstên Wz	= entgehen
entstân, entstên, sich Wz	= merken, wahrnehmen, sich erinnern
ergetzen swv. Ru	= vergessen machen, entschädigen
erwinden III	= ablassen von
ez gebrist, gebricht mir IV	= es mangelt mir an
gedagen swv	= verschweigen
gedingen swv	= fest glauben, hoffen
gehügen swv	= gedenken an
gelouben, sich swv	= s. e. Sache entschlagen, verzichten auf
ez gelüstet mir swv Ru	= es gelüstet mich
genieten, sich swv	= sich mit etw. abgeben, sich erfreuen
geniezen II	= den Nutzen, Erfolg von etwas spüren
genüegen swv Ru	= sich woran sättigen
gern swv	= begehren
gestaten swv	= gewähren

gewar werden	= bemerken, wahrnehmen
geruochen swv	= sich um etwas kümmern, etwas begehren
getrœsten, sich swv Ru	= auf jemanden verzichten
gunnen Prät. Präs.	= gönnen
jehen V	= behaupten, bekennen
lônen swv	= jemanden belohnen wofür (= Gen.)!
muoten swv	= begehren
nieten, s. *genieten*	
niezen II	= Vorteil von etwas haben
phlegen V	= mit etwas zu schaffen haben, etwas oft tun
ruochen ↗ *geruochen*	
rât werden	= Abhilfe schaffen
underwinden, sich III	= auf sich nehmen, für etwas sorgen
vâren swv	= wonach streben, nachstellen
verbunnen Prät.Präs.	= mißgönnen
verdriezen, sich (auch *er-*) II	= einer Sache überdrüssig sein
vergezzen V	= vergessen
vermîden, sich I	= sich nicht kümmern um, fernbleiben von
verstân Wz., auch: *sich v.*	= verstehen, merken, wahrnehmen
vertragen sîn	= verschont sein von etwas
verzîhen I	= abschlagen
sich verzîhen I	= auf etwas verzichten
vrâgen swv	= fragen nach
walten VII	= Gewalt haben über + pflegen
war nemen IV	= sorgen für
warten swv	= warten auf, sich vorsehen, acht haben auf,
wern swv	= gewähren
wünschen swv Ru	= jem. etwas wünschen
zîhen I	= zeihen, anklagen

Tips für die Staatsexamensvorbereitung

Der Genitiv wird im Mhd. häufiger verwendet als im Nhd., vor allem als Objekt. Bei einer Analyse sollten erfaßt werden:

● die syntaktische Funktion (z.B. Objekts- oder Subjektsgenitiv, adverbial oder attributiv)

● die semantische Subklasse (partitiv, possessiv etc.). Der part. Genitiv steht dann, wenn das Bezugswort eine größere Einheit bezeichnet, von der das Attribut im Gen. einen Teil angibt.

● die Stellungseigenschaften (der attr. Genitiv steht häufig pränominal oder in Distanzstellung).

4.5   Topologie

Besonderheiten der Wortstellung im mittelhochdeutschen Satz

Bei einer Untersuchung der Wortstellung in mhd. Syntax ist grundsätzlich zu berücksichtigen, daß viele Abweichungen von der Normalstellung (ausgehend vom Nhd.) durch die Besonderheiten von versifizierten Texten (Einhaltung des Metrums, Reimzwang) entstehen. Davon abgesehen sind folgende Besonderheiten und Abweichungen von der nhd. Norm festzustellen:

● **Ausklammerung von Satzgliedern hinter das finite Verb im NS**

wie liep iuch hât gehabet der almehtige got
(Ausklammerung des Subjekts)

wan er iuch erkoufte mit sînem lîbe
(Ausklammerung der Instrumentaladverbiale)

daz er heizet diu heilige kristenheit
(Ausklammerung des Prädikativs)

Die Tendenz hierzu läßt sich durch Emphase erklären, die stärker ausgeprägt ist, als im Nhd.. Die Ausklammerung setzt wichtige Satzglieder an das Ende des Satzes und betont sie durch diese Randstellung.

● **Umstellung von finitem und infinitem Teil in Verbalkomplexen (Hilfs-, Modalverbkomplexe)**

wie liep iuch hât gehabet der almehtige got

● **Ungewöhnliche Stellungen im Mittelfeld**

z.B. Adverbialen vor dem Akkusativobjekt, die im Nhd. als leichte Abweichung empfunden werden. Die Stellungsregeln des Mittelfeldes gelten aber auch in der synchronen Linguistik als besonders schwierig und relativ unerforscht.

● **Relativer Nebensatz oder Hauptsatz mit Verb-Zweit-Stellung**

Als einer ist bî dem Rîne   *den kenne ich harte wol.*

Das Demonstrativpronomen wird hier vom nhd. Sprachgefühl her als Relativsatzeinleiter empfunden und läßt daher einen Relativsatz erwarten. Jetzt folgt aber eine V-Zweit-Stellung. Damit ist das Kriterum für einen HS gegeben.

ich bin der hât gewarnet

Auch hier ist die V-Zweit-Stellung als Kriterium für den HS gegeben. Außerdem tritt hier die häufige Doppelfunktion des d-Pronomens auf als Bezugselement im HS und als Rel.Pron. (Relativsatzeinleiter und Subjekt des relativen NS).

● **Umstellungen in der Nominalphrase
(v.a. pränominale – postnominale Attribute)**

*Hildebrant der alte
der winter kalt*
  = Postposition von Art. und Adjektiv vor dem NP-Kern und Flexionsbesonderheiten!

*des Rînes vluz
des künec Gîbichen lant* = Gen.attribut vor NP-Kern (sehr häufig).

● **Veränderungen der Verbstellung**

also vermezzenlîche er ze den helden sprach

(Hier Veränderungen der Verbstellung aus Reimgründen. Empfehlenswert ist der Verweis auf die nhd. Verbstellungsnorm: „müßte eigentlich V2-Satz sein, da HS.")

● **Inversion** (PWG § 445)

Die Wortstellung des direkten Fragesatzes, Verb vor Pronomen, kann Abhängigkeit bezeichnen und wird meist mit „wenn" übersetzt:

*... **gîstu** mir dîne swester, so wil ich ez tuon*
  = wenn du mir deine Schwester gibst, dann will ich es tun.
*... **wæret ir** nur wîse, ir holtet iuwer spîse*
  = wenn ihr nur weise wärt, ...

● **Doppelte Beziehung**

Ein Satzteil in der Mitte zwischen zwei Sätzen bezieht sich auf beide:

... dô spranc von dem gesidele her Hagene alsô sprach ...
  = Da sprang Herr Hagen vom Sitz auf **und** sprach so ...

5 Bedeutungsveränderungen vom Mhd. zum Nhd.

5.1 Formen des Bedeutungswandels

Bedeutungsverschiebung

● Verschiebung des Umfangs (logisch quantitativ)

– Bedeutungserweiterung (Verallgemeinerung), z.B.
mhd. *frouwe* = „Edelfrau" –> nhd. Frau = „weibl. Wesen" allgemein
– Bedeutungsverengung (Spezialisierung), z.B.
mhd. *lîp* = „Leib, Leben, Person" –> nhd. Leib = „Körper"

● Veränderung der Bewertung (qualitativ)

– Bedeutungsverbesserung (Ameliorisierung), z.B.
mhd. *marschalc* = „ Pferdeknecht" –> nhd. Marschall = „hohes Amt"
– Bedeutungsverschlechterung (Pejorisierung), z.B.
mhd. *kneht* = „Knabe,Ritter" –> nhd. Knecht = „Bauernknecht".

Bedeutungsübertragung

Metaphorischer Bedeutungswandel:

z.B. mhd. *slôz* = „was man schließen kann" –> nhd. Schloß = „großes geschlossenes Gebäude"

Die Ursachen für einen Bedeutungswandel liegen häufig im außersprachlichen Bereich, wie z.B. in der Mystik:
Versprachlichung des Unsagbaren in Abstrakta auf *-heit, -keit, -unge.*
Auch die Französisierung der mhd. Dichtersprache hatte wegen der Übersetzungen aus dem Französischen, z.B. *aventiure* = Abenteuer, *turnei* = Turnier, einen gewissen Einfluß auf verschiedene Wörter.

5.2   Bedeutungsveränderungen vom Mhd. zum Nhd.

Erklärung
Die Hauptbedeutung ist **fett gedruckt**, + 2. oder 3. Bedeutung
GS   =   U. Gerdes, G. Spellerberg, *Althochdeutsch – Mittelhochdeutsch*
       ([Athenäum Fischer])

alrêst adv.	=	allererst
ambet, ambahte,	=	**Dienst**, Amt, Beruf + Amtsbezirk, Lehen + Gottes-
ambt stn.		dienst (Hochamt)
âne tuon Wzv	=	berauben
arc, argez adj.	=	**nichtswürdig**, böse + geizig
arebeit, arbeit stf	=	**Mühe**, Mühsal, Not + Arbeit + Kampfesnot + Strafe + durch *arbeit* Erworbenes
bâgen swv	=	schimpfen
balt, -des adj.	=	**kühn**, mutig, verwegen + schnell .*baldes* adv
baz adv.	=	besser
begeben + Akk.	=	ablassen von
behalten VII	=	aufbewahren
beiten	=	warten
belîben	=	bleiben
benamen	=	*bî dem namen gotes* = wahrhaftig
bern	=	**tragen**, hervorbringen, gebären
bescheidenheit stf.	=	**Einsicht**, Verstand, **Vernunft** + Mündigkeit + Befehl, Bescheid + Bestimmung + Bedingung + Ausreichendes
bescheidenlîch adj.	=	**verständig**, gebührlich + deutlich + festgesetzt + bestimmt, bedingt (nie wie nhd. bescheiden!)
bestên Wzv	=	**angreifen**, besiegen
bete stf	=	**Bitte**, Forderung
biderbe	=	nützlich, brauchbar (< bedürfen) + tüchtig + vornehm
bœse adj.	=	gering, **niedrig v. Geburt**, kraftlos, schwach + böse, übel
bouc, -ges stm	=	**Ring**, Armring
brœde	=	**schwach**, gebrechlich
brût stf.	=	junge Frau (verheir. oder nicht) + Neuvermählte (nicht im Sinne von nhd. Verlobte!)

büezen sw Ru	=	bessern, ausbessern, **gutmachen** + von etw. befreien + vergüten, Buße tun + bestrafen
buoz tuon	=	**Abhilfe leisten,** Besserung schaffen

dagen swv	=	schweigen
danc, dankes	=	**Gedanke** + Dank, Minnegewährung
âne danc, sunder danc	=	wider Willen, unfreiwillig
degen stm.	=	**Held** (Heldenepos), altertümliche Bez. für Krieger (nicht gemeint: Degen = Waffe < frz. dague)
diemüete	=	**Milde,** Herablassung, **Demut** + Bescheidenheit (zu *dienen*) + Gesinnung eines Gefolgsmannes
dienen + Akk.	=	mit Dank vergelten für
dienest stm	=	Verpflichtung zu dienen, für Knecht *und* Gefolgsmann (GS 223)
diutisch, diutsch adj.	=	zum eigenen Volk gehörig (aus ahd. *diot* – mhd. *diet* = Volk), deutsch
dôn stm	=	**Melodie,** Lied + Strophenform + Ton, Stimme + Art u. Weise
dörper, dörpel stm	=	**bäurisch roher Mensch,** Tölpel
dörperheit stf	=	**bäurisch rohes Benehmen,** Unhöfischkeit
durch präp.	=	um willen (mhd. final, nhd. instrumental!)

edele adj. (< ahd. *adel*)	=	**vornehm** (von Geburt), später überhaupt vornehm
eislich, egeslîch adj.	=	**schrecklich,** abscheulich
ellen stn	=	**Kraft,** Kampfeifer, Mut
ellende stn	=	anderes Land, Ausland, **Fremde** + Verbannung (ahd. *eli lenti*)
ellende adj.	=	**fremd,** auch: arm
erbarmen stn	=	Barmherzigkeit, Erbarmen
s. *erbarmen umbe, über*	=	Erbarmen haben mit (tätige Zuwendung)
erbeizen swv	=	**absitzen** (eigentl. d. Roß *bîzen lân*), absteigen
êre stf	=	**Ansehen** (äußeres), Ruhm + ehrenhafte Haltung + Ehrenbezeigung
êrste num. adv.	=	num: als Erster; adv: erst recht
ete-, eteslîch pron.	=	**irgendein,** -welch; Pl. einige, manche

gâhen swv	=	eilen (zu *gâch, -hes* = schnell, plötzlich)
gadem, gaden stmn	=	**Gemach** (+ Haus mit nur einem Gemach)
gast stm	=	**Fremder;** auch Gast, fremd. Krieger, Krieger überh.
gebieten II + Dat.	=	**jem. Abschied geben,** verabschieden + befehlen

gedinge stnf	=	Gedanke + Hoffnung, **Zuversicht** + Anliegen
gedingen swv	=	**hoffen**, glauben; *einem gedingen an* = unterhandeln
geduldec adj.	=	geduldig + **gelassen** + ablassend von + nachsichtig
geil adj.	=	von wilder Kraft, mutwillig + **lustig**, fröhlich
geil zuo	=	begierig auf (nicht pejorativ!)
gelieben swv	=	**gefallen**; refl. m. Dat. = s. beliebt machen bei jem.
gelücke stn.	=	**Geschick**, Zufall, auch Glück (irdisch!)
gemach stn	=	Ruhe, **Wohlbehagen** + Bequemlichkeit (später: Ort dafür)
gemeit adj.	=	**froh**, vergnügt + stolz + stattlich + tüchtig
genâde stf	=	urspr. Ruhe, Behagen + Glück + **Gunst**, Huld + Gnade + Gottes Hilfe + Nachlaß + Dank (GS 241)
genâden swv	=	danken
genendec adj.	=	kühn, **mutig** + eifrig
genenden swv	=	**wagen**, Mut fassen
genesen V	=	am Leben bleiben, **gerettet werden**
geniezen II + Gen	=	an etw. **Nutzen**, Freude **haben**
genôte adv.	=	eifrig, **dringlich**, sehr
genôz stm	=	(der, mit dem man genießt) Gefährte, Genosse
mit Gen.	=	Gleichgestellter
einem genôz sîn	=	jemandem ebenbürtig sein
geræte stn	=	**Ausrüstung** + Hilfe + Vorrat, Fülle + Hausrat + Gerätschaft + Überlegung (s. *rât*)
geruochen swv	=	s. Sinn auf etw. richten + **gewähren** + trans. wünschen
refl.	=	s. herablassen (nhd. geruhen = falsche Etym. aus Ruhe)
geselle swm	=	(der im gleichen Saal) **Gefährte** + Geliebter, Geliebte
gesinde stn	=	Gefolge (eines Fürsten)
gewant adj.	=	(*e. sus gew. man*) (ein so) **beschaffen**er Mann
ez ist gewant		
umb einen	=	es steht so um ihn
güete stf	=	**Trefflichkeit**, Würde, Großmut, Freundlichkeit, höf. Gesinnung
guot stn	=	**Besitz**, Vermögen + moralisch Gutes;
durch guot	=	in guter Absicht
in guote	=	in Güte

guot adj.	=	tüchtig, gut, vornehm, **edel** + tauglich, brauchbar
ze guot	=	nützlich
einem guot sîn	=	jem. freundlich, hilfreich sein
haben swv	=	als Vollverb meist halten, **behalten**
haz, hazzes	=	**feindsel**. Handlung oder **Haltung** (nicht nhd. Haß!)
âne, sunder haz	=	freundlich, gern
heil stn	=	**Wohlergehen**, Gesundheit, Glück
heimuot stfn	=	Heimat (zu *heim* = Heim, Haus; -*uot* wie in *armuot*, daneben *heimôt*, daraus später Heim**at**, Wechsel von ô – â wie Odem und Atem)
heizen VII	=	heißen, **befehlen** + nennen + **verheißen**, geloben
hêre, hêr adj.	=	hehr, hoch, vornehm, **erhaben**, herrlich + heilig + stolz, hochmütig + freudig
hêrre, herre, her swm	=	ein ritterlicher Herr (aus ahd. *heriro* = der Höherstehende, Ältere) GS 221
herzeleit stn	=	tiefe Betrübnis
holt, -des adj.	=	**gewogen**, günstig + liebend + treu + dienstbar
hof, -ves stm	=	der fürstliche Hof
ze hove gân	=	vor den König treten
hövesch, hübesch adj.	=	hofgemäß, fein, gebildet, **gesittet** + unterhaltend (nhd. höfisch, aber hübsch = schön!)
hulde stf	=	**Wohlwollen** + Treue + Dienstbarkeit
huote stf	=	Bewachung, Schutz
itewîz stm + n	=	**Vorwurf** + Stafrede + Tadel + Schmähung + Schmach
jâmer stm	=	**Herzeleid** u. Verlangen nach jem.
jehen V	=	**sprechen**, reden + behaupten + bekennen
juncfrouwe swf	=	junge adelige Dame (nicht wie nhd. „unberührt")
karc, -ges adj.	=	klug, **schlau** + streng + knauserig
klagen swv + Akk	=	jem., etw. **be**klagen
kleine adj.	=	urspr.: glänzend, dann über: rein zu: zierlich, **fein** + mager, schmächtig + **scharfsinnig** + gering, klein
adv.	=	wenig, garnicht
kiesen II	=	wählen, auswählen + sehen
kiusche stf	=	Reinheit, allgem. **Tugendhaftigkeit** (ohne sex. Einschränkung) + Selbstbeherrschung

knappe swm	=	(verhärtet aus Knabe) Jüngling, noch kein Ritter
knecht stm	=	Knabe, Knappe + **Ritter**; erst sp. 13. Jh Bauernknecht
kranc adj.	=	**kraftlos, schwach** + sündhaft + schlecht + krank
künne stn	=	**Geschlecht**, Familie (*künic* = aus edl. Geschlecht)
kummer stm	=	**Bedrängnis**, Mühsal, Kummer
kunst stf	=	Wissen, **Weisheit** + Kunstfertigkeit, Geschicklichkeit + Kunst + Erleuchtung (zum vb *kunnen*)
laster stn	=	Schmach, **Schande** + Fehler, Makel
lâzen VII	=	lassen, sein lassen, ablassen
lâzen an + Akk.	=	jem. überlassen
ledec adj.	=	**frei, unbehindert** + unverheiratet
leit stn	=	das Unerfreuliche + Leid (GS 244)
leit adj.	=	**betrübend** + widerwärtig
leit sîn + Dat.	=	jem. verleidet sein
lêre stf	=	Lehre + **Unterricht** + Anordnung + Kunstfertigkeit + **Wissenschaft** + Weisheit + Maß, Modell
lîch stm	=	lebender Leib, Körpergestalt, Aussehen
liebe stf	=	Wohlgefallen, **Freude** + Liebe
lieben swv	=	behagen, **gefallen**
lieben + Akk.	=	Freundlichkeit erweisen, **erfreuen** + angenehm machen + lieben
ez liebt mir	=	es gefällt mir
liep, -bes stn	=	der **oder** die Geliebte
liet, -des stn	=	**Gesangsstrophe**; Pl *diu liet* = stroph. Gedicht + Epos
lîhte adv.	=	vielleicht
vil lîhte	=	höchstwahrscheinlich
lîp, -bes stm	=	Leib + **Leben** + Person + Magen
mîn lîp	=	ich
list stm	=	**Klugheit** + Weisheit + Wissenschaft + Kenntnis (GS 247)
lützel adj.	=	klein, **wenig** + gar nicht
mâc, -ges stm	=	Blutsverwandter der männl. Seitenlinie
mâge unt man	=	Verwandte und Vasallen
maget, Pl. *megede* stf	=	**Jungfrau**, unverheir. Mädchen; später erst: Dienstmagd; auch *meit, meide*
mære stn	=	Dichtung + **Nachricht**, Kunde (wahr!)
stf	=	**Berühmtheit** + Nachricht + Dichtung
mære adj.	=	bekannt, **berühmt** + herrlich (aus ahd. mari = glänzend)

man, mannes stm	=	Gefolgsmann + Ritter + Mann im Ggs. zu *wîp*
mâze stf	=	Maß, angemessene Größe + Angemessenheit + Maß-halten + **Mäßigung** +Bescheidenheit (GS 238)
meine stf	=	**Bedeutung,** Sinn + Gedanke + Gesinnung + Mei-nung + Absicht, Willen + freundl. Gesinnung = Liebe!
mensche swm	=	Mensch (eigentl. das Männlein, aus ahd. *mannisko*)
merkære stm	=	**Aufpasser** + Beurteiler, Tadler
michel adj.	=	groß; mit Gen = viel
miete stf	=	Lohn, **Belohnung** + Beschenkung + Vergeltung + Bestechung
milte stf	=	Freundlichkeit, Güte, Gnade, Barmherzigkeit + Zärtlichkeit + Wohltätigkeit, **Freigebigkeit** (GS 236)
milte adj.	=	freundlich, geduldig, barmherzig + wohlgesittet + wohltätig, **freigebig**
minne stf	=	**freundliches Gedenken** (zu *meinen*) + Freundschaft + höfische Liebe + relig. Liebe + jur.: gütliche Beile-gung (*minne – reht*) (GS 235)
minneclîch adj.	=	liebenswert, **lieblich** + gütlich
missewende stf	=	eigentl. unrechte Wendung + Makel + Tadel + Unheil
âne missewende	=	tadellos
muot stm	=	Kraft d. Denkens, Wollens, Empfindens + Sinn + Seele + Geist + **Gemütszustand,** Stimmung + Gesin-nung + Absicht
hôher muot	=	Freudigkeit, **Hochherzigkeit** (höf. Tugend) auch Übermut + Hochmut (sowohl für lat. *magnanimitas* als für *superbia*!) (GS 240)
übermuot	=	stolzer Sinn, hochfahrend (pos. **u.** neg.!)
muome stf	=	Mutterschwester, **weibl. Verwandte**
nâch adv.	=	beinahe, **fast** + **nahe**
präp.	=	auf etwas hin, nach (räuml.: das Verlangen nach)
niender, niene adv.	=	überhaupt nicht, gar nicht
niftel swf	=	Schwestertochter, weibl. Verwandte
nît, -des stm	=	**feindselige Gesinnung,** Kampfzorn + Heftigkeit, Eifer + Groll + Eifersucht + Mißgunst + Neid
âne nît	=	nichts dagegen, meinetwegen + **gern**
nôt stf	=	Mühe, Not, **Leid** + Notwendigkeit
nôt gên, sîn, werden mit Dat.	=	etw. nötig haben

nû waz	=	(unvollst. Satz) was soll's, ob nicht doch … usw.
orden stm	=	**Ordnung**, Regel + Reihenfolge + Anordnung + Stand, Orden (aus lat. *ordo*)
phlegen V	=	sorgen, pflegen + Aufsicht haben + behüten + **umgehen mit** + betreiben, üben + handeln
mit Gen.	=	brauchen, besitzen
refl. mit Gen.	=	Gewohnheit haben + s. verbürgen für
prüefen swvRu	=	erkennen + **erproben** + beweisen + bemerken + bewirken
rât stm	=	**Rat** + Ratgeber + Lehre + Befehl; + Beratung, Überlegung + Hilfe + Ausrüstung, Vorrat, Fülle, Reichtum
m. Gen.	=	Befreiung wovon + Verzicht, Entbehrung
rât haben	=	entbehren
rât sîn, werden	=	Abhilfe schaffen (!)
berâten VII	=	ausrüsten (!)
recke swm	=	Krieger, Heldenepos (etymolog. zu *rechen* = rächen)
rede stf	=	**Erzählung** + Rede + Vernunft + Text + **Rechenschaft**
reht stn	=	Recht, zugleich auch **Pflicht** (!)
rehte adv.	=	**gebührend**, geziemend + geradewegs + richtig
reine adj.	=	rein, **klar**, lauter + ohne Sünde + **schön** herrlich + vollkommen, gut + keusch
rîche stn	=	das **Reich** + die Regierung + der Kaiser
rîche adj.	=	**mächtig** + **vornehm** + reich + kostbar (GS 227)
rîtære, riter, ritter stm	=	aus: „der, der reitet" zu Ritter (tt aus fläm. *ridder*), auch Reiter
ritterlîch adj.	=	**einem Ritter geziemend**, gehörend + stattlich + **herrlich** (auch von Frauen!)
riuwe stf	=	seelischer **Schmerz**, Kummer, Trauer (nhd. „Reue" spät!) (GS 244)
riuwen II tr	=	**in Betrübnis versetzen**, dauern + verdrießen
swv	=	**beklagen**, bereuen
ruochen swv	=	s. o. *geruochen*
sælde stf	=	Wohlgeartetheit, Güte + **Segen**, Heil von Gott her + Seligkeit, Glück (GS 243)
sælec stf	=	**wohlgeartet**, gut + zum Glück bestimmt, glücklich + selig, **gesegnet**

sanfte adv.	=	mit geringer Mühe, **leicht** + langsam, leise + **angenehm** + wohl + milde, sanft
senfte adj.	=	leicht, bequem + weich, **zart** + sanftmütig, milde + **freundlich** + wohlgefällig, angenehm
schiere adv.	=	in kurzer Zeit, **sogleich** + schnell + beinahe
schimph stm	=	**Scherz**, Kurzweil + **Spiel** (höf.) + Minnespiel + Spott, Verhöhnung
schîn stm	=	Strahl, **Glanz** + Heiligkeit + Sichtbarkeit + Anblick + Urkunde + **Aussehen**, Gestalt + Benehmen
schîn adj.	=	strahlend, **hell** + sichtbar, **offenbar**
schîn tuon	=	**zu erkennen geben**, zeigen + beweisen
schulde stf	=	**Schuld** + Strafe + Vergehen + Ursache, **Grund**
âne schulde	=	ohne Grund
von schulden	=	mit Recht, mit Grund
sehen V	=	**sehen** und auch **besuchen**
sende adj.	=	(eigentl. *senende*) sehnend, sehnsüchtig + **verliebt** + schmerzlich + edel, trefflich
sende nôt stf	=	Liebeskummer, schmerzl. nach etwas verlangen
senen swv	=	schmerzlich nach etwas verlangen
sicherheit stf	=	Sicherheit, Sorglosigkeit + Sicherung, Schutz, + Gewißheit + feierliche Zusicherung, **Gelöbnis** + Verabredung + Vertrag, Bündnis
siech adj.	=	krank
sîgen I	=	s. senken, **sinken** + tropfen+ abnehmen (versiegen)
sin, sinnes stm	=	Sinn (fünf Sinne) + Denken, **Verstand** + Bewußtsein + Weisheit+ Kunst + Gedanke + Meinung, Gesinnung
sinewel adj.	=	rund
site stm	=	Volksbrauch, Gewohnheit + Beschaffenheit + **Anstand**
slahte stf	=	**Geschlecht**, Herkunft + Gattung, Art
manger slahte	=	mancherlei
sleht adj.	=	eben, **gerade**, glatt + schlicht, einfältig + gut, **aufrichtig** + klar
m. Gen.	=	leer, nicht voll
snel, -lles adj.	=	gewandt, **stark**, kräftig + schnell + eifrig
spæhe adj.	=	weise, **klug** + schlau + **schön**, herrlich + seltsam + spöttisch, übermütig
von Sachen	=	fein, **kunstvoll**, wunderbar
spiln swv	=	**spiegeln** + leuchten lassen + spielen
stæte stf	=	Stetigkeit, **Beständigkeit**

strît stm	=	**Streit** (m. Worten od. Waffen) + Widerstand + Schlachtordnung, Streitmacht + Rache + Streben
âne strît	=	unstreitig, wahr
instrîte, enze widerstrîte	=	unstreitig, **wahr**
	=	um die Wette
stunt, -nde stf	=	**Zeitabschnitt** + Zeitpunkt + Gelegenheit + Frist (nhd. 1 Stunde = 60 Minuten: erst spät)
drîstunt	=	dreimal
zestunt	=	dann, **sogleich**
süeze adj.	=	angenehm, **lieblich**, süß, schön + gütig
sunder adj.	=	**abgesondert**, einsam, ausschließlich + ausgezeichnet
adv.	=	abseits, im einzelnen + **insbesondere** + vorzüglich
präp.	=	**außer**, ohne (!)
swach adj.	=	schlecht, **gering**, unedel + niedrig, verachtet +kraftlos, schwach
swære stf	=	**Leid**, Schmerz, Kummer + Bedrängnis + Schwere (Gewicht)
âne swære	=	ohne Umstände
swaz + Gen.	=	was auch immer + **wieviel auch immer**
tiefel, tiufel stm	=	Teufel (*ie* aus *diabolus, iu* aus *tiufe* – Tiefe)
toufen swv	=	**untertauchen** + taufen; refl. = Christ werden
trehtîn stm	=	Herrgott (eigentl. Kriegsherr)
triegen II	=	betrügen
triutinne stf	=	**Geliebte** + Frau (Heldenepos, zu *triuten* = liebkosen), s.u. *trût*
triuwe stf	=	**Zuneigung** + Aufrichtigkeit + **Zuverlässigkeit** + Freundlichkeit (GS 234) + Mitleid + Versprechen, **Gelübde**
entriuwen, bî mînen triuwen	=	in Wahrheit
getriuwe adj.	=	treu, getreu + wohlmeinend
trôst stm	=	**freudige Zuversicht**, Vertrauen + Ermutigung + Zusage von Hilfe + **Hilfe** + Sicherheit, Bürgschaft + Beschützer, **Helfer** + Geliebter (GS 242)
trût adj.	=	vertraut, **lieb**
stm, stf	=	Liebster, Liebste
tugent, -nde stf	=	(zu *tugen* = taugen) Brauchbarkeit + **Vollkommenheit** + männl. Tüchtigkeit, Mannesalter + gute Eigenschaft + edle Sitten (erst nhd. moralisch) (GS 232)

tump, -mbe adj.	= töricht, **unerfahren** + ungelehrt (nicht nhd. = dumm)
über werden	= **los werden** + **genug haben**, reichen
übermüete adj.	= übermütig, überheblich, **hochmütig** + stolz
ûf genâde o.ä.	= in der Hoffnung auf Gnade oder ähnl.
unbetrogen adj.	= nicht zu betrügen + ungetäuscht + klar, rein + **untadelhaft** + ohne Falsch, aufrichtig
undersnîden I	= in einzelne Stücke zerteilen + anordnen + etw. aus verschiedenen Stücken **zusammensetzen**
understân tr.	= etw. unternehmen, **bewirken** + **abwehren** + bekämpfen
refl. m. Gen.	= etw. **unternehmen**, s. einer Sache unterziehen
etw. understân lâzen	= etw. bleiben lassen
unz präp.	= bis
adv.	= solange, während dieser Zeit
konj.	= solange als
unzuht stf	= Ungezogenheit (nicht sexuell gemeint!)
urloup, -bes stm	= **Erlaubnis** + Verabschiedung + Abschied
urlouben, erlouben swv	= **verabschieden** + gestatten + entlassen
s. e. dinges url.	= s. e. Dinges entschlagen
varn VI	= **sich bewegen** + reisen, wandern
varwe stf	= **Aussehen** + Farbe d. Haut + Glanz + Schönh. + Schminke
veige adj.	= todgeweiht, desh. auch verwünscht, verdammt; erst nhd. –> feige
venje stf	= Kniefall zum Gebet
verge stf	= Schiffer, **Fährmann**
verh stm	= Sitz des Lebens
ze verhe wund	= todwund
verhengen swv	= hängenlassen (d. Roß d. Zügel), **erlauben** + nachgeben + gestatten + verhängen über
verkiesen II	= **nicht erwählen** + nicht beachten, **verschmähen** + fahren lassen, verlieren + **verzichten** + verschmerzen, verzeihen
verrihten swv	= zurechtbringen, **einrichten** + ausrüsten + bezahlen, entrichten + **vollbringen** + beilegen, schlichten
m. Akk.. d. Pers.	= jem. zur Besinnung bringen, belehren
refl.	= s. einrichten + **sich entschließen**
versehen V	= annehmen, hoffen, **vorhersehen** + sorgen für, be-

		schützen
vertragen VI	=	**ertragen**, erdulden
m. Dat.	=	mit einem Geduld haben, ihn verschonen
vervâhen, -vân VII	=	erfassen + **erreichen** + gewinnen + vernehmen + zuwegebringen
refl.	=	unternehmen, **beginnen** + sich verpflichten
ez vervât	=	es hilft, es **nützt**
vlêgen, vlêhen swv	=	eindringlich bitten, **anflehen**
vreischen VII	=	**fragen** + erfahren + kennen lernen (vereischen)
vreude, vröude stf	=	Frohsinn + Freude (bes. am Hof gefordert)
vriedel stm	=	Geliebter (Heldenep. u. frühe Minnelyrik)
vristen swv	=	trans. **hinhalten** + aufhalten + erhalten, bewahren
vriunt stm	=	Freund + **Geliebter** + Verwandter
vriuntlich adj.	=	befreundet, **geliebt** + lieblich + angenehm
vrô adj.	=	froh, vergnügt + zufrieden! (dazu: *vröude* s.o.: *vreude*)
vrouwe swf	=	adelige **Dame** + Herrin (in d. Anrede) (zu ahd. *fro* = Herr) (GS 222)
vrum adj.	=	tüchtig, **brauchbar**, ehrbar + trefflich, angesehen + vornehm + tapfer + **nützlich** (rel. fromm erst nhd.) (GS 231)
vrumen swv	=	**nützen** + helfen + vorwärtskommen (GS 231)
vrümecheit stf	=	Gutheit, Bravheit + **Tüchtigkeit** + Tapferkeit
vuoge stf	=	Zusammenfügung, Fuge + Paßlichkeit, **Schicklichkeit** + passende Gelegenheit + Festsetzung + **Fähigkeit** + Geschicklichkeit + Bewerkstelligung
vürgedanc stm	=	**Vorsatz** + Vorbedacht + Überlegung
vürste swm	=	der Vornehmste, Höchste + der **Herrscher** (eines Landes, des Himmels) u. der, der dem am nächsten ist, Fürst (aus ahd. *furisto* = d. vorderste)
wâfen stn.	=	Waffe, bes. Schwert u. Rüstung (auch *wâpen* aus d. Fläm.)
wâfena!	=	o weh! (Notruf: zu den Waffen!, meist im übertragenen Sinn gebraucht)
wân stm	=	ungewisse Ansicht, **Glaube** + Erwarten, Hoffen + Gedanken + Schein, Vorwand + **Irrglauben**, Wahn
sunder wân	=	gewißlich
wandel stm	=	Änderung, **Wechsel** + Wandelbarkeit + Makel, **Fehler**
wandels vrî	=	tadellos

wætlich adj.	=	**schön**, stattlich + angemessen + leicht werdend, daher dann: **wahrscheinlich**
werben III	=	s. **bewegen**, drehen + s. bemühen, **handeln**
trans.	=	in Bewegung setzen;
durch einen Boten	=	**berufen**, einladen
mit Akk. d. Sache	=	etw. betreiben, **ausrichten** + **werben**, bitten um
werlt, rlde stf	=	(ahd. *wer* = Mann + *alt* = Alter) Zeitalter + **Welt** (ird.) + Menschheit, Volk + Gesellschaft + sündiges weltl. Leben
wern swv	=	1. verweilen, **ausdauern**, leben bleiben; von Sachen: ausdauern, Bestand haben, **währen**
		2. **gewähren**, zahlen + leisten + beschenken + gewährleisten
wern swv	=	1. schützen, **verteidigen**
		2. refl. sich verteidigen, s. **wehren**
		3. **abwehren** + hindern, **verhindern**
werren III	=	durcheinander bringen, **verwirren** + stören, **hindern** + schaden (nhd. verworren!)
mit Dat.	=	verdrießen
wert adj.	=	kostbar, vornehm, edel (*wirde* = Würde) (GS 229)
wîgant, -ndes stm.	=	**Krieger**, Held (Heldenepos, zu *wîc* = Kampf)
wine stf	=	Geliebte, Gattin (Heldenep.)
wîp,-bes stn	=	**Frau** (im allg.) + Ehefrau (erst nhd. pejorativ)
wirdecheit, werde- stf.	=	**Würdigkeit** + Herrlichkeit + Ehre (zu: *wert*)
wirs adv	=	schlimmer (Komparativ vom Adv. *übel*, nhd. ausgestorben)
wirser adj	=	schlimmer (Komparativ v. Adj. *übel*)
wirren swv	=	**verwirren**, in Verwirrung bringen
wirt stm	=	**Hausherr** + Landesherr + Ehemann + Gastgeber (GS 225)
wîsen I	=	**ausweichen**, meiden (*entwîsen*)
wîsen swv	=	anweisen, **belehren** + zeigen + trans. führen, leiten
wîsheit stf	=	Verständigkeit, **Klugheit** + Erfahrung + Wissen + Weisheit
witze stf	=	**Verstand** + Wissen + Einsicht + Klugheit
wîzen I	=	jem. einen **Vorwurf machen**, etw **verweisen**
wunder stn	=	**Verwunderung** + **Neugier** + Gegenstand der Verwunderung: Ereignis + Monstrum + Neuigkeit
ze *wunder*	=	erstaunlich
wunne stf	=	**Freude**, Lust, Wonne + **Herrlichkeit** + das Schönste

wunsch stm	=	Vermögen, Außergewöhnliches zu schaffen, deshalb Schöpfer + **Inbegriff der Vollkommenheit** + Wunsch
ze wunsche	=	vollkommen!
würken, wirken swv	=	**tätig sein,** arbeiten + bewirken, machen, spez. stickend, nähend od. **webend** verfertigen
zage adj.	=	mattherzig, **zaghaft-feige** (aber: *veige* adj. = urspr. der zum Tod bestimmte, desh. der Verwünschte, der Verdammte + dann daraus: der Feigling)
zier, zierde stf.	=	Zierde, **Schmuck** + Ausschmückung + Kraft (!)
ziuc, -ges stm	=	Handwerkszeug, Gerät + Ausrüstung, **Waffen** + Zeug, Material, **Stoff** + Zeugnis, Beweis
zuht stf	=	**Erziehung,** Bildung + Wohlerzogenheit + Anstand + Aufziehen, Ernährung, Unterhalt + Abstammung.
zwiu, zewiu	=	warum, zu was

6 Präfixe und Suffixe

6.1 Bedeutung der Präfixe (Vorsilben)

be-, bi- : (aus *bî* = bei) Bedeutung räumlicher Nähe

    1. intensivierend bei Verben u. Adj.:
*hueten – **be**hueten, denken – **be**denken*
    2. transitiv machend: *leuchten– **be**leuchten*

er-, ur- : (zugehörig *ûz* = aus, heraus = lokale Bedeutung)

    1. hervor: ***er**bern* = hervorbringen,
***er**drôn* = durch Drohung erzwingen
    2. perfektivierend:
    a) zu Beginn einer Handlung: ***er**griffen, **er**blicken* (inchoativ)
    b) zugrunderichtend: ***er**stechen* (resultativ)

    Wechsel zwischen *ur-* u. *er-* wegen Betonungswechsel:
***úr**teil – **er**téilen* (= urteilen)
***úr**loup* (= Abschied, Erlaubnis z. Absch.) *– **er**lóuben*

ent-, en-, ant- : Grundbedeutung: entgegen – räumlich

    1. nach, hin: ***ent**bieten, **ent**vâhen, **ant**vanc* (= empfangen, Empfang)
    2. weg von: ***ent**binden,**en**(t)bern* = entbehren
    3. hervor: ***ent**springen, **en**brennen* = in Brand setzen

ge- : 1. beim Subst. kollektivierend: *berc – **ge**birge* oft gleichzeitig mit Suffix -e oder -t, ***ge**bern* = gebären *– **ge**burt*
*vart – **ge**verte* = Gefährte (mit jem. *varn*)
    2. beim Verb intensivierend: *denken – **ge**denken*
(Präs. oft futurisch, Prät. oft Vorvergangenheit)
    3. perfektivierend mhd. ***ge**bern* (gebären) zu *bern* = tragen

în-, in- : Grundbedeutung: hinein oder innen

    *înleiten, **in**wendic*

misse-, mis-	: Grundbed. „abweichend", mhd. *mislich* = verschiedenartig über „verschieden" zu „häßlich":

misse-, mis- : Grundbed. „abweichend", mhd. **mis**lich = verschiedenartig über „verschieden" zu „häßlich":

ahd. **misse**var = bunt, mhd.= vielfarbig und mißfarbig
Meist pejor.: **misse**lingen

ne-, en- : negierend vor Verben und Pronomen

1. *sine weiz* (enklit.), *er* **en**weiz (proklit.) = sie, er weiß nicht
2. **ne**chein, **en**kein = nicht einer, keiner (*dehein* = irgendeiner)

un- : Grundbedeutung: verneinend

ungemüete = Traurigkeit
(Neg. Präfix mit Kontrastakzent = Veränderung des Akzents von Stamm- auf Vorsilbe)

ur- : (zu *ûz* = heraus s.o. *er-*)

urloup = Erlaubnis s. zu verabschieden (Urlaub);
u.U. intensivierend, vgl. **ur**alt = sehr alt

ver- : 1. aus *fur* = für: **ver**teidigen
2. aus *fur* = vor:
a) voraus: **ver**heizen (= verheißen)
b) vorbei: **ver**slafen
3. aus *far* = fort, von weg: **ver**giezen = ausgießen
a) übertragen:
verdenken = Übles denken;
versprechen = absprechen!
b) zugrunderichtend:
vergeben = vergiften;
verderben
c) einfach perfektiv:
versinken; **ver**nemen = verstehen

zer– : Grundbedeutung: auseinander

zerstœren, **zer**füeren = zerstreuen

6.2 Bedeutung der Suffixe (Nachsilben)

-*ære, -er* : Subst. aus Verben (Berufsbezeichng, mask. nomina actionis): *vischen – visch**ære** –>* nhd. -er, -ler, -ner (< lat. *-arius*, ahd.*-âri*)

-*bære* : Adj. aus Subst. u.Verben, (bei Vb. meist passiv.-potentielle Bedeutung (zu *bern* = tragen): *lobebaere* = e. sollte gelobt werden *man**bære*** = heiratsfähig (nhd. = -bar), also fähig sein zu tragen, hervorzubringen, zu bewirken

-*de* : Fem.-Abstrakta aus Adj.: *salida – sæl**de**, vrowida – vröu**de*** (< ahd.*-ida*)

-*e* : *hœhe* (*ahd. hôhi*)

-*haft* : Adj. aus Subst.: *ernest**haft*** = kampfbereit (< ahd. = behaftet)

-*heit, -keit* : Fem.- Abstrakta aus Adj.: *wâr**heit*** (ahd. *heid* = Art, Wesen) *barmherzec-heit –> barmherze**keit*** (*-keit <– heit* nach *-k*)

-*îe* : Fem. aus Adj. (Eigenschaft, Gewerbe): *zage- zeger**îe*** = Zaghaftigkeit, *jeger**îe*** = Jägerei (< altfrz. *-ie*)

-*ic, -ec* : Adj. und Adv. aus Subst.: *stein**ec**, reht – riht**ic, -ige*** f. (nhd. nur noch -ig)

-*il, -el* : 1. Diminutiva: *kindelîn- kind**el*** (< *-lîn*) 2. nom. instrumenti aus stv.: *sie zugen – züg**el**, sie sluzzen – slüzz**el***

-*în, -inne* : 1. Fem. aus Mask. (movierte Fem.): *künec – küneg**în*** 2. Adj. aus Subst.: *golt- guld**în***

-*isch, -esch* : Adj. aus Subst. z. Bez. d. Herkunft: *hof – höv**isch**, höv**esch***

-*leie* : Adj. aus Subst.: *manger**leie*** = vielfach (< altfrz. *loy* = Art)

-lîch, -lich	:	Adj. aus Subst. (artgemäße Beschaffenheit): *man – menlîch* (mhd. *lîch* = lebd. Körper!)
-lîche, -lîchen	:	Adj. -Adv.: *vrœlîch – vrœlîche(n)*
-eclîche, -eclîchen	:	Adj. u. Adv. aus einfachem Adj.: *snel – snelleclîch(e)* und aus Subst.: *wunne – wünneclîch(en)*
-lîn	:	Diminutiva: *blüemelîn*
-linc	:	mask. Personalia (Zugehörigkeit, Herkunft): *junc – jungelinc*
-nisse, -nüsse, -nusse	:	Abstr. (fem. od. neutr. aus Adj., Subst., Partizipien) *vancnüsse* = Gefängnis
-sal	:	Fem. Abstr. *müjesal* = Mühsal
-sam	:	Adj. aus Subst.: *lust – lussam* = lieblich (*sam* = gleich)
-schaft, Gen. *-schefte*	:	Fem.Abstr. aus Subst. od. Adj. (Bez. v. Verhalten od. Gemeinschaft): (ahd. *scaf* = Beschaffenheit) *vriuntschaft* = auch Verwandschaft! *riterschaft* = ritterliches Tun **und** Menge von Rittern
-t	:	Fem. Abstr. aus Verben (nomina actionis): *schrift, kunst* (< ahd.-*ti*)
-tuom	:	Subst. aus Subst. od. Adj. (ahd. *tuom* = Fähigkeit): *magettuom* = Jungfräulichkeit, *siechtuom* = Krankheit
-unge	:	Subst. aus Verben (Nomina actionis): *manen – manunge* *wern – werunge* = Bezahlung, Sicherstellung

7 Wortbildung – Analysebeispiele

7.1 Wortbildung

Tips für die Staatsexamensvorbereitung

⚠ Zu Anfang jeder morphologischen Analyse sollte eine genaue morphologische Bestimmung stehen!

- *Substantive:*
  Genus, Kasus, Numerus, stark/schwache Deklinationsklasse

- *Verben:*
  Person, Tempus, Modus, Genus Verbi, stark/schwach, Ablautreihe

- *Adjektive:*
  starke oder schwache Flexion, Genus, Kasus, Numerus

Es empfiehlt sich, die Bestandteile des jeweiligen Wortes in der Mitte untereinanderzuschreiben und dabei den Wortakzent [ó] zu bezeichnen (intonatorische Markierung) – vgl. die Beispiele auf den Folgeseiten.

- Links davon kommt die „kategoriale Füllung" (kF), von innen nach außen zuerst die einzelnen Bestandteile, die sich je nach Komplexität des Wortes zu größeren Einheiten und schließlich zur Einheit des Gesamtwortes zusammenfügen.

  Klammern fassen die Einheiten zusammen.

- Rechts vom zu analysierenden Wort sollte die (meist triviale) Reihenfolgemarkierung (RfM) stehen:

  - Determinans vor Determinatum beim Kompositum
  - Präfix vor Basis
  - Suffix nach Basis

- Rechts daneben wird der Wortbildungstyp (WobiTyp) aufgeführt. Auch hier werden die Einheiten von innen nach außen bezeichnet.

- Ganz rechts außen erfolgt schließlich die morphologische Markierung (mM). Darunter fallen:
  - Fugenelemente bei Komposita (formal meist identisch mit Genitiv- oder Pluralmorphemen)
  - Umlaut und Ablaut (für mhd. Wortbildungsanalysen besonders wichtig!). Ablaute lassen sich auf Grund der Kenntnis der Ablautreihen der starken Verben (st.V.) meist identifizieren; dies erfordert aber einiges Tüfteln!

In den folgenden Übungen verwendete Abkürzungen:

Detm.	= Determinatum		Det.komp.	=	Determinativ-Kompositum
Dets.	= Determinans		FE	=	Fugenelement
kF	= kategoriale Füllung		mM	=	morphologische Markierung
N	= Nomen		Nomst.	=	Nominalstamm
Präf.	= Präfix		Präfig.	=	Präfigierung
RfM	= Reihenfolgemarkierung		Suff.	=	Suffix
Suffig.	= Suffigierung		Umlt	=	Umlaut
Vbst	= Verbstamm		Wobityp	=	Wortbildungstyp

Wortbildungsbeispiele

- *für das* **bürgetor**:   Akk. Sg. st. Neutr.

kF			<—I—>	RfM / WobiTyp	mM
Nomst.Neutr.	⌈ Nomst. Fem.		**bürg-**	Dets. ⌉	Umlaut[1]
	Flexiv /FE		**-e-**		Det.komp.[2] FE
	⌊ Nomst. Neutr.		**-tor**	Detm. ⌋	

1) *burc, bürge:* stark Fem.
   Umlaut + Flexiv -e: Pluralmarkierung oder Gen./Dat. Sg.
   Die Genitivmarkierung erweist sich als semantisch motiviert: *tor der bürge.*
   Das Flexiv fungiert als FE zwischen Dets. und Detm.

2) Semantik: Entspricht nhd. „Burgtor / Stadttor“.
   Das Erstglied modifiziert das Zweitglied des Det.komp.
   Paraphrase: „Tor der Burg/der Stadt“ oder – mit Hilfe einer Präpositionalgruppe – „Ein Tor zu / in der Burg/Stadt“.

   Dets. und Detm. stehen in einem semantischen, lokalen und partitiven Zugehörigkeitsverhältnis.

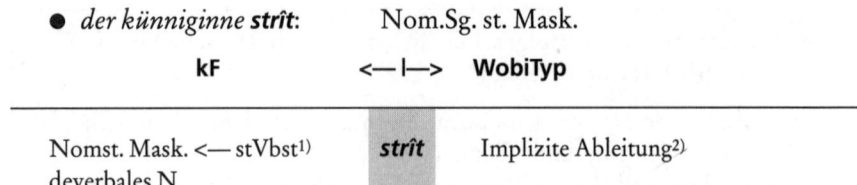

● *der künniginne strît*:   Nom.Sg. st. Mask.

    kF   <—|—>   **WobiTyp**

Nomst. Mask. <— stVbst[1)] deverbales N	*strît*	Implizite Ableitung[2)]

1) Stamm des stV *strîten*, Reihe I a.
2) Regelhafter Wortartwechsel ohne explizite Derivationsmerkmale. Lexikalische Transposition.

● *vor der gebürte unseres herren*:   Dat. Sg. st. Fem.

    kF   <—|—>   **RfM / WoBiTyp**   **mM**

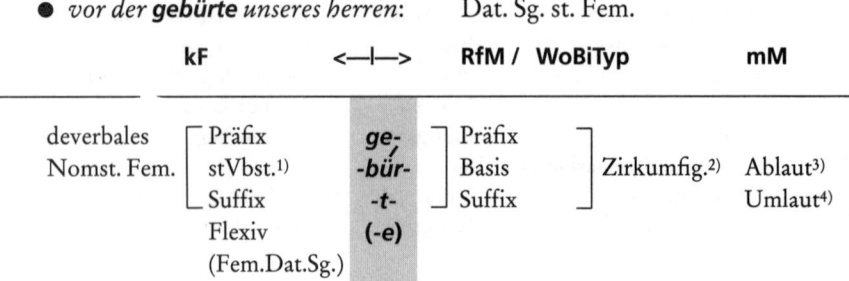

deverbales Nomst. Fem.	⌈ Präfix | stVbst.[1)] ⌊ Suffix Flexiv (Fem.Dat.Sg.)	*ge-* *-bür-* *-t-* **(-e)**	⌉ Präfix | Basis ⌋ Suffix	⌉ | Zirkumfig.[2)] ⌋	Ablaut[3)] Umlaut[4)]

1) Stamm des stV *bern, bir, bar, bâren, geborn*, Ablautreihe IV
2) Zirkumfigierung (Präfig. bei gleichzeitiger Suffig.)
 Andere Möglichkeit: Zuerst Präfig. (*bern —> gebern*) dann Suffig.
 Suffix *-t* aus ahd. *-ti*.
3) Ablaut gehört in die Reihe IV.
 Der hier auftretende Stammvokal u ist der Sproßvokal der Schwundstufe der Ablautreihe IV, der im Part. Prät. wegen des vormhd. a in der Folgesilbe zu o gebrochen wurde.
4) Umlaut und Flexiv erklären sich durch den Dat. Sg. des st. Fem., der aus dem syntaktischen Zusammenhang bestimmbar ist.
5) *Semantik:*
 Abstraktbildung durch genusbestimmendes Suffix.
 Nomen actionis.
 Das Präfix *ge-* hat intensivierende, möglicherweise auch perfektivierende Bedeutung gegenüber dem einfachen *bern*, nhd. „tragen".

● *mit der* **martel**: Dat. Sg. st. Fem.

kF   <—|—>   **WobiTyp**

Nom. st. Fem.	**má́rtel**	Simplex

Keine weitere Zerlegung möglich, da nicht-natives Wort. Lehnwort aus dem (Griechischen) Lateinischen: deverbales Nomen (neutr.) martyrium, Genuswechsel.

Wegfall der Endung, Abschwächung der Nebensilbe *-yr* —> *-er* (= Marter).

r —> *l* =partielle Dissimilation wegen Ähnlichkeit der beiden Liquide.

-er ,*-el* hier kein Suffix!

● *unde tuot* **griulī́chen** *wê*: Adv.

kF   <—|—>   **RfM / Wobityp**

Adv. ⎡ Adj. ⎡ Nomst sw. Mask.[1] **griú-** Basis ⎤ ⎤ **-līch-** Suffix ⎦ Suffig. ⎤ Basis ⎤ Suffig. ⎦ **-en** Suffix[2] ⎦
⎣ Suffix ⎣ Suffix

1) Stamm des sw. Mask. *griuwe, grûwe.* -e wurde hier offensichtlich im Stammauslaut apokopiert, das w vor apokopiertem e vokalisiert. Daneben existiert auch *griuwelîchen.*

2) Adverb-Suffix (im Mhd. haben Adverbien noch eine eigene Morphologie!), entstanden aus erstarrter Kasusform (Dat.Pl.). Nebenform zu *-lîche.*

Hier ist wegen Apokope des *-e* zum Nhd. hin keine morphologische Unterscheidung vom Adjektiv mehr möglich. Syntaktische Kriterien (Position im Satz, Satzgliedstatus etc.) müssen herangezogen werden.

3) *Semantik:*
Wie das Adjektiv-Suffix *-lîch* bezeichnet das Adverb-Suffix *-lîche(n)* die artgemäße Beschaffenheit.
Das Suffix ist aus dem mhd. noch freien Morphem *lîch* (= Leib) herzuleiten.
Paraphrase in etwa: „nach Art des Grauens".

● *ez ist unmügelīch:*   Adj., präd.

kF   RfM / WoBiTyp

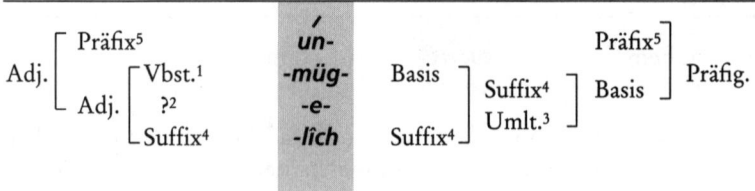

$$\text{Adj.}\begin{bmatrix}\text{Präfix}^5\\[2pt]\text{Adj.}\begin{bmatrix}\text{Vbst.}^1\\ ?^2\end{bmatrix}\\[2pt]\text{Suffix}^4\end{bmatrix}\quad\begin{matrix}/\\ un\text{-}\\ \text{-}müg\text{-}\\ \text{-}e\text{-}\\ \text{-}līch\end{matrix}\quad\begin{bmatrix}\text{Basis}\\[6pt]\text{Suffix}^4\end{bmatrix}\text{Suffix}^4\quad\begin{bmatrix}\text{Präfix}^5\\[2pt]\text{Basis}\\[2pt]\text{Umlt.}^3\end{bmatrix}\text{Basis}\quad\text{Präfig.}$$

1) Vst des Präterito-Präsens *mugen* (hier evtl. Erläuterungen zu ⸛Präterito-Präsentia).

2) Erklärung des -e: zur Ausspracheerleichterung eingefügt. Andere Möglichkeit: Suffix -e bewirkt Abstraktbildung, ist genusbestimmend (Fem.) aus ahd. -i. Das deverbale Substantiv *müge* (st. Fem.) bedeutet „Macht, Kraft, Vermögen, Fähigkeit". Allerdings läßt sich das Adj. semantisch besser direkt auf das Verb selbst zurückführen (s. 4.)

3) Der Umlaut wird durch das -i- des Suffixes *-līch* bewirkt. Vgl. nhd. <u>möglich</u>!

4) Zum Adjektiv-Suffix *-līch* vgl. vorige Aufgabe. Paraphrase: Etwas '*mügelîchez*' ist „etwas, das vermocht werden kann": passivisch-potentiale Semantik.

5) Negierendes Präfix mit Kontrastakzent. Negiert wird die Bedeutung der Basis.

7.2 Beispiel einer Syntaxanalyse

Tips für die Staatsexamensvorbereitung

Das folgende Analysemodell hat sich für die Klausur wegen seiner Darstellungsökonomie bewährt.

Im **Kommentar** werden Besonderheiten und Probleme erläutert. Wichtig für die Analyse mhd. Sätze ist das Erkennen mhd. Spezifika, oft vers- und reimbedingt!

Der untenstehende Kommentar soll zur Entdeckung von Kommentierenswertem in Syntaxanalysen anregen. Empfehlenswert ist bei nhd. Übungsanalysen zu Haus grundsätzlich das Konsultieren mehrerer Grammatiken. So erhält man unterschiedliche Standpunkte zu einem Problem und erkennt, wie diskutabel viele Sachverhalte sind. Selbst wenn man zu keiner eindeutigen Lösung kommt, sollte man seine Überlegungen und Argumente (pro/contra) zu Papier bringen.

Besonders wichtig für die Klausur ist, daß man über die verschiedenen Testverfahren (v.a. Satzgliedtests) verfügt, um sie in kritischen Fällen anzuwenden. Durch regelmäßige Übung und Diskussion vor der Klausur (möglichst in Arbeitsgruppen), werden Sie bald über „Tüfteltechniken" und Grammatikkenntnisse verfügen, mit denen Sie in der Klausur „herumjonglieren" können. Ein solches Verfahren führt erfahrungsgemäß zu guten Ergebnissen.

Richtwert: Eine gründliche Syntaxanalyse pro Woche, 3 – 4 Monate vor der Klausur.

Geheimtip: Es macht nach einer Weile sogar Spaß.

Begriffe

- **Topologie:**
  Analyse der Stellungsglieder im Satz
- **Kategorie:**
  in etwa gleichbedeutend mit der landläufigen Vorstellung von 'Wortart'. Hier werden auch Phrasenkategorien erfaßt.
- **Funktion:**
  Satzglied / Satzgliedteil

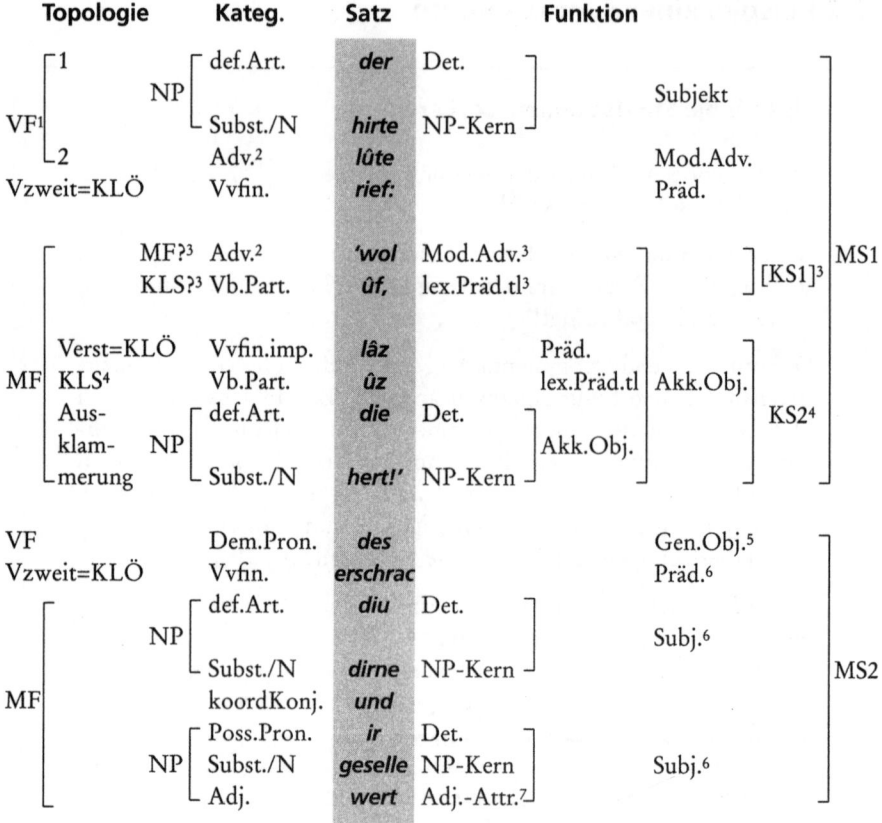

Topologie	Kateg.	Satz	Funktion	

Topologie / Kateg. / Satz / Funktion

```
 ┌1        ┌ def.Art.      der     Det.        ┐
 │    NP   │                           Subjekt │
 VF¹      └ Subst./N      hirte   NP-Kern ┘
 └2         Adv.²          lûte                 Mod.Adv.
 Vzweit=KLÖ Vvfin.         rief:                Präd.
```

```
 ┌  MF?³   Adv.²          'wol    Mod.Adv.³   ┐        ┐[KS1]³   MS1
 │  KLS?³  Vb.Part.        ûf,     lex.Präd.tl³ ┘
```

```
       Verst=KLÖ  Vvfin.imp.   lâz    Präd.                    ┐
 MF │  KLS⁴       Vb.Part.     ûz     lex.Präd.tl  Akk.Obj.    │ KS2⁴
    │  Aus-      ┌ def.Art.    die    Det.    ┐                │
    │  klam- NP  │                     Akk.Obj.│               │
    └  merung   └ Subst./N    hert!'  NP-Kern ┘               ┘
```

```
 VF            Dem.Pron.    des    Gen.Obj.⁵  ┐
 Vzweit=KLÖ    Vvfin.       erschrac  Präd.⁶  │
        ┌   NP ┌ def.Art.   diu    Det.   ┐  │
        │      │                    Subj.⁶ │  │  MS2
        │      └ Subst./N   dirne  NP-Kern ┘  │
 MF │       koordKonj.      und              │
        │   NP ┌ Poss.Pron. ir     Det.   ┐  │
        │      │ Subst./N   geselle NP-Kern │  Subj.⁶
        └      └ Adj.       wert   Adj.-Attr.⁷┘
```

Übersetzung:
Der Hirte rief laut: „Wohl auf, laß die Herde heraus!" Darüber erschraken die Magd und ihr werter Freund.

Verwendete Abkürzungen:

Det.	= Determinator	def.	= definit
KLÖ	= klammeröffnend. Element	ell.	= elliptisch
KS	= Konstituentensatz (≈ NS)	KLS	= klammerschließ. Element
MF	= Mittelfeld	lex.Prädtl	= lexikalischer Prädikatsteil
N	= Nomen	MS	= Matrixsatz
Vb	= Verb	NP	= Nominalphrase
Verst	= Verberststellung	Vb.Part.	= Verbpartikel
Vvfin.	= finites Vollverb	VF	= Vorfeld
		Vzweit	= Verbzweitstellung

86

▶ Grobanalyse

Satzfolge (= Verschaltung) aus zwei formal und funktional selbständ. Sätzen:

MS 1: Komplexer Aussagesatz mit V2-Stellung, ohne W-Frageausdruck, nicht-imperativischer Verbmodus (Ind.), fallendes Tonmuster. (= Satzmodus)

KS 1-2: Akk-Obj. Vgl. dazu Duden 278 über den syntaktischen Status der direkten Rede.
Valenz der Verba dicendi et sentiendi erfordert einen Mitspieler, hier: Akk.Obj., vgl. Valenzbestimmung.

*KS 1: Zum syntaktischen Status von *wol ûf* s. Anm.3), satzäquivalent, satzwertig, nicht satzförmig.

KS 2: Aufforderungssatz mit V1-Stellung, imp. Verbmodus, fall. Tonmuster
MS 2: Einfacher Aussagesatz mit Koordinationsreduktion.

▶ Valenzen

Der hirte rief (es folgt direkte Rede)
Nhd.: Jmd. ruft jmdn./ etw.: Mitspieler: Subjekt, Akk.obj. (= dir. Rede)

lâz ûz die hert!
Nhd.: Jmd. läßt jmdn./ etw. heraus: Mitspieler: Subjekt im Imperativ impliziert, Akk.obj.

des erschrac diu dirne
Nhd.: Jmd. erschrickt über etw.: Mitspieler: Subjekt, mhd. Gen.obj. (vgl. Anm.5) –> nhd. Präpositional-Objekt

▶ Kommentar

1) *VF hier doppelt besetzt.*
   Die Übersetzung ins Nhd. unter Beibehaltung der Stellungsglieder ergibt einen ungrammatischen Satz:
   * Der Hirte laut rief.
   Die Vzweit-Stellung ist in Aussagesätzen des Nhd. obligatorisch; im VF ist nur ein Satzglied erlaubt. Aus metrischen Gründen wird diese Regel hier durchbrochen. Nur so ist die regelmäßige Alternation gewährleistet.

2) Im Mhd. gibt es noch eine eigene *Adverbmorphologie:*
   Endung -e bei gleichem Stamm wie beim entsprechenden Adjektiv *lût* in *lûte*, Suppletivform *wol* (entspricht semantisch in etwa dem Adj. *guot*).

87

3) *Status* von *wol ûf:*
   Satzäquivalent: *elliptische Ausrufung*
   - syntaktische Isoliertheit (Kein VF bei V1-Sätzen)
   - satzwertig: selbständige Äußerung, eigenes Tonmuster, Ellipse: Adverb
     wol, Verbpartikel *ûf* —> Verbellipse, aber hoher Idiomatisierungsgrad
   - semantisch: Gefühlsausdruck, Verstärkung der folgenden Aufforderung
   - pragmatisch: Adressatenbezogenheit (Anruf, Aufforderungscharakter)

4) *Status* von *ûz:* Direktionaladverbiale „heraus" oder Interpretation als
   trennbarer lexikalischer Verbteil vom Partikel-Verb *ûzlâzen* = nhd. „heraus-
   lassen"
   Partikelverb, da:
   - Klammerbildung (*lâz ûz* bildet eine leere Verbalklammer;
     Umstellungsprobe: *lâz die hert ûz*).
   - Akzent auf Partikel (metrisch betont)
   - Partizip mit *ge-*, *ge-* zwischen Präfix und Verbstamm (*ûzgelâzen*)
   Ebenso bei Infinitiv mit zu (*ûz ze lâzen*) vs. Präfixverben, die den Akzent
   nicht auf dem Präfix tragen, keine Verbalklammer bilden und das Partizip
   ohne *ge-* bilden:
   Gegenwartssprachliche Beispiele: beanstanden, mißgönnen, entzünden.
   Topologie:
   Wiederum aus metrischen Gründen (Alternation) und denen des Reims
   rückt das Akk.obj. *die hert* hinter den zweiten Teil der Verbalklammer.

5) *Genitivobjekt:* Der Genitiv wird im Mhd. generell viel häufiger verwendet
   als im Nhd., v. a. als Objektskasus. *Genitiv wird hier von der Verbvalenz
   gefordert.* Im Nhd. würde an dieser Stelle ein Pronominaladverb („dar-
   über") bzw. ein Präpositionalobjekt stehen: *Änderung der qualitativen
   Verbvalenz zum Nhd.*
   Generell: Tendenz zum Ersatz der Genitivkonstruktionen durch Präposi-
   tionalkonstruktionen im Nhd.

6) *Inkongruenz im Numerus* zwischen finitem Verb im Singular und zwei
   durch die koordinierende Konjunktion verbundenen Subjekten (jeweils im
   Singular).
   Typisch für das Mhd.: wörtlich verstandene Kongruenz von Prädikat und
   jedem der beiden einzelnen Subjekte. Im Nhd. steht bei einem Doppelsub-
   jekt das finite Verb im Plural.

7) *Attributives Adjektiv hier dem NP-Kern nachgestellt und endungslos.*
   Im Mhd. üblicher Gebrauch, Postposition hier wahrscheinlich metrisch be-
   gründet.

8 Veränderungen vom Mhd. zum Nhd.

(Frühneuhochdeutsch, ca. 1350-1550)

8.1 Lautveränderungen

▶ **Hauptsilben-Vokale**

1. Diphthongierung
2. Monophthongierung
3. Dehnung: schon ab 1350! allgemein zu erkennen an

- Dehnungs-h: *ir* –> ihr
- Doppelvokal: *beten* –> beeten, *wege* –> weege (Wege), *geben* –> geeben
- ie für lang i: *vile* –> viele, *ligen* –> liegen

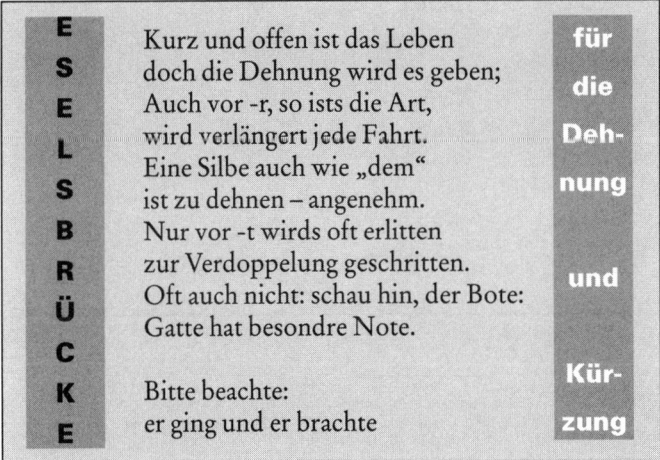

| E S E L S B R Ü C K E | Kurz und offen ist das Leben
doch die Dehnung wird es geben;
Auch vor -r, so ists die Art,
wird verlängert jede Fahrt.
Eine Silbe auch wie „dem"
ist zu dehnen – angenehm.
Nur vor -t wirds oft erlitten
zur Verdoppelung geschritten.
Oft auch nicht: schau hin, der Bote:
Gatte hat besondre Note.

Bitte beachte:
er ging und er brachte | für
die
Deh-
nung
und
Kür-
zung |

4. Diphthongöffnung (Nukleussenkung)
5. Kürzung
6. Rundung
7. Entrundung
8. Md. Senkung vor Nasal

▶ Nebensilben -Vokale

1. Synkope bei Nebensilben:
   genâde – > Gnade, *er giuzet* –> er gießt
   (vor -t und -st. immer! Nicht bei Dentalen am Stammende: er badet).
2. Apokope sporadisch:
   fürste - Fürst, aber Bote.

▶ Konsonanten

1. Nasalierung
2. W-Schwund
3. Palatalisierung
4. Aufhebung der Kontraktionen

ESELSBRÜCKE				
	DIe Diph.	**MO**na Monoph.	**NUK**kelt Nukleuss.	Vo-ka-le
	DEr Dehng.	**KUR**ti Kürzg.	**RU**ckelt Rundg.	
	NASo Nasal.	**W**as W-Schwund	**PA**ule! Palatalisierg.	Kon-so-nan-ten

8.2 Sonstige Veränderungen

8.2.1 Graphematische Veränderungen

Allgemein

- keine Längenzeichen mehr
- zunehmend Groß- und Kleinschreibung
- orthographische Aufhebung der Auslautverhärtung
- statt phonetischer Schreibweise eher etymologische
  z.b. statt mhd. *lenge* jetzt Länge
- <z> nur noch für /ts/
- <u> + <v> zunehmend unterschieden
- /s/ und /z/ schon um 1300 zusammengefallen,
  zu erkennen an falschem z:
  Gen. *des* = geschr. *dez; unz* (bis) = geschr. *uns; uns* (Akk.Pl.): geschr. *unz*.
  D.h. die Schreiber können keinen Unterschied zwischen /s/ und /z/ hören.

Schreibung der kaiserlichen Kanzleien, die vorbildhaft wirkten
(Kanzlistenschreibung)

- y statt i, ey statt ei
- überflüssige Doppelkonsonanz:
  - cz/zc statt z
  - sz statt ss
  - *anngeen* für angehen;
  - ähnlich: *auff, rauffen, esz* für es

8.2.2 Morphologische Veränderungen

Substantive

- Abnahme der Kasusdifferenzierung (Wegfall des Dativ -e)
- gemischte Deklination der Femina
- markierter Plural der Neutra (z.B. mhd. *diu wort* –> die Wörter)

Verben

- Analogieausgleich bei Verben vor allem Sg. –> Pl. Prät. od. umgekehrt;
  1.Sg. wie 1.Pl.Präs., Gramm. Wechsel, Rückumlaut usw.
- Herausbildung analytischer Formen (Plusquamperf.)

Wegfall der besonderen Adverbmorphologie

Pronomen

- die synthetischen Formen mit sw- (*swer, swaz, sweder* = wer v. beiden) ersetzt durch Umschreibungen mit: wer auch immer, jeder der

8.2.3 Syntaktische Veränderungen

- Aufgabe der doppelten Negation:
  ich enkan nicht –> ich kann nicht

- Abnahme des Genitivgebrauchs
  (v.a. des Genitivobjekts), z.B. *vil des brôtes* –> viel Brot

- Tendenz zur Aufgabe der topologischen Besonderheiten
  wan er iuch erkoufte mit sînem lîbe –> weil er euch mit seinem Leben kaufte

8.3 Mundartliche Formen

Mundartliche Formen werden hier kursiv dargestellt.

Oberdeutscher Sprachraum

● **Bairisch**

- Erhaltung der alten Diphthonge (ue statt uo *guet* südbair. f. mhd. *guot)*
- Neigung zu Apokope/Synkope
- p statt b (*paum* - Baum), w statt b + umgekehrt (*bort, wischof)*
- f statt b vor l (*zwifel* statt Zwiebel)
- ch statt k (*chint* für Kind)
- ch statt h (*geschechen* für geschehen)
- ai statt ei (*klain*, in Hss. geschrieben!)
- lg./ a :/ zu /o:/ desh. *erhaben* –> (*DioT)* –> erhoben (Vb. heben)
- Pers.Pron. *ez, enker* = ihr, euer 2.Pl.
- *kom, komen* statt kam, kamen
- Umlautvermeidung (Innsbruck)

● **Alemannisch**

- ebenfalls Umlautvermeidung
- ebenfalls Neigung zu Apokope, Synkope
- ebenfalls ch für k
- Diphthongierung nur im Schwäbischen
- p statt b wie bair.
- *gân, stân* für gehen, stehen
- nd bzw. nt für 2. Ps. Plural: *ir siend, ir wellent* (=Aa zur 3.Pl.)

Mitteldeutsche Besonderheiten

- 2. ahd. Lautverschiebung nur teilweise durchgeführt (pp statt pf)
  Appel statt Apfel
- *schönet, dat* statt schönes, das
- ê statt ei (*bên* statt Bein) ô statt ou (*bôm* statt Baum)
- häufig Assimilation
- Diminutive *-chen* statt bair.*-el*, alem.*-le*
- thüringisch: Suffixe mit i:
  er lebit, allin = allen, auch *ver* –> *vir-*   (PWG § 166)
- anlautend kein pf: *Ferd* statt Pferd

9 Mittelhochdeutsche Verse

9.1 Einführung

Die mhd. weltliche Lyrik, der Minnesang, beginnt mit **Langzeilen** – diese sind vergleichbar den Versen im Nibelungenlied. Sie sind in ihrer Variationsbreite eindeutig und gültig nur mit den Termini Andreas Heuslers zu beschreiben. Das gleiche gilt übrigens für die Verse der mhd. Epik.

Andreas Heusler beschrieb diese Verse als aus vier Takten bestehend (Vierheber). Das heißt, es gibt vier **Hebungen** (nur auf betonten oder betonungsfähigen Silben), die Versschlüsse (**Kadenzen**) können die hier angegebenen sein. (Versbeispiele aus Kindersprechversen, ausführlicher in der *Kurzen deutschen Verslehre* der Verfasserin):

1. **männlich-voll,**   mv   *Sáfran mácht den Kúchen gél*   x́x ǀ x́x ǀ x́x ǀ x̲́
   Die vierte Hebung liegt auf der **letzten Silbe**.

2. **weiblich-voll,**   wv   *Wér will gúten Kúchen bácken* x́x ǀ x́x ǀ x́x ǀ x̲́x
   Die vierte Hebung liegt auf der **vorletzten Silbe**, eine Senkung folgt.

3. **klingend,**   kl   *Bácke, bácke Kú- chèn*   x́x ǀ x́x ǀ —⏞ ǀ x̀
   Die dritte Hebung wird länger ausgehalten. Es folgt als **vierte Hebung eine Nebenhebung** auf einer sonst unbetonten Silbe;

4. **stumpf,**   st   *Mácht der Réiter: Plúmps!*   x́x ǀ x́x ǀ x́ʌ ǀ ʌʌ
   Die vierte Hebung ist nicht **hörbar vorhanden**, zwischen den Versen jedoch immer deutlich als Pause markiert.

Der **Versanfang** kann verschieden ausfallen:

1. Der Vers beginnt mit einer betonten Silbe:
   Bácke, *bácke Kú - chèn*   x̲́x ǀ x́x ǀ —⏞ ǀ x̀

2. Der Vers beginnt mit einer unbetonten Silbe
   der *Bä́cker hàt gerúfen*   x̲   x́x ǀ x́x ǀ —⏞ ǀ x̀

Eine unbetonte Silbe vor der ersten Hebung (hier: *der*) nennt man **Auftakt (A)**. Am Charakter des Vierhebers ändert sich dadurch nichts, wir haben weiterhin 4 Takte.

Zwischen zwei **Hebungen** (betonten Silben) können eine oder auch mehrere **Senkungen** (unbetonte Silben) stehen, das ändert ebenfalls nichts am Charakter des Vierhebers. Wenn die Senkungszahl unregelmäßig wechselt, (einmal zweisilbige, einmal einsilbige Senkung) nennt man das Verse mit **freier Füllung** („Füllung" bezeichnet die Silben zwischen zwei betonten Silben).

Auch wenn die verschiedenen Verstypen hier der Einfachheit halber mit Kindersprechversen erklärt wurden, ist festzuhalten, daß die gesamte mhd. lyrische Dichtung **gesungen** wurde. Die vier Sorten von Vierheber-Kadenzen finden sich schon im 12. Jh.; so können wir für die deutsche Dichtung in Vierhebern seit 700 Jahren ein Kontinuum feststellen.

Leider sind nur wenige Melodien für mhd. Lieder erhalten, die meisten in der Jenaer Liederhandschrift, die erst aus der Mitte des 14. Jh. stammt.

Die ältesten uns bekannten Strophen gehören bereits zur Kunstdichtung, insofern wir Namen für die einzelnen Dichter wissen, die auch jeweils einen eigenen Stil vertreten. Als Volksdichtung kann man sie deshalb nicht bezeichnen, weil sie stets von dem Paar Ritter und Edeldame (*ritter* und *frouwe*) ausgehen, d.h. sie spielen am Hof eines Adligen, sind also **höfische Standesdichtung**.

9.2 Einzelne Dichter und Lieder

Der früheste uns mit Namen bekannte Dichter ist **Kürnberger**. Er gehört in die frühhöfische Epoche der sog. Donauländischen Lyrik (um 1160), in der die Verse vor allem **Langzeilen** waren. In dieser Zeit finden wir meist **einstrophige Lieder**, den einzelnen Dichtern sind bestimmte Strophenarten zuzuordnen, die nur von jeweils einem Dichter benutzt werden.

Die *wîse* = Melodie und zugleich metrische Form des Kürnbergers stimmt überein mit der der **Nibelungenstrophe** (= Strophe des Heldenepos *der nibelunge nôt*).

Kürnberger:

10,1   *Der túnkèl stérnè*   *sám der bírget sích*
        als túo du, fróuwe schœnè: *só du séhest mích,*
        sô lá du díniu óugen gén   *an éinen ándern mán.*
        son wéiz doch lútzel iémàn,   *wiez únder úns zwein íst getán.*

[„10.1" bedeutet, daß in Karl Lachmanns Ausgabe von *Des Minnesangs Frühling* dieses Lied auf S. 10, Z.1 beginnt.]

Der Dunkelstern, der verbirgt sich.
Genauso tu du es, schöne Herrin: wenn du mich siehst,
dann laß du deine Augen hin zu einem anderen Mann schweifen.
So weiß doch überhaupt niemand, wie es zwischen uns beiden steht.

Diese Strophe besteht aus vier **Langzeilen**, paarweise gereimt, jede Langzeile besteht wiederum aus zwei **Kurzzeilen**, **Anvers** und **Abvers** (im Druck immer durch einen größeren Abstand getrennt, die jeweilige 2. Halbzeile in der Zählung immer mit b, z.B.3b oder 4b, bezeichnet). Die **Anverse** haben durchweg klingende Kadenz, die **Abverse** dreimal stumpfe, während der vierte Abvers männlich-voll ist, also vier voll verwirklichte Hebungen hat. Dadurch entsteht eine **Schlußbeschwerung**, weil der 4. Abvers praktisch eine Hebung mehr hat (denn in der stumpfen Kadenz ist die 4. Hebung ja pausiert). Die obige Strophe sieht in der für Langzeilen allgemein üblichen metrischen Umschrift nach A. Heusler folgendermaßen aus (A = Auftakt):

1. x l —́ l x̀ ʌ l —́ l x̀ ʌ   l x́x l x́x l x́ ʌ l ʌ   A4kl   A4st
2. x l x́x l x́x l —́ l x̀ ʌ   l x́x l x́x l x́ ʌ l ʌ   A4kl   4st
3. x l x́x l x́x l x́x l x́   x l x́x l x́x l x́ ʌ l ʌ   A4mv   A4st
4. x l x́x l x́x l —́ l x̀   x l x́x l x́x l x́x l x́   A4kl   A4mv

Der erste Anvers weist außer dem klingenden Schluß noch eine **beschwerte Hebung** (–́–̀) im Versinnern auf, d.h. Hebung und Nebenhebung ohne dazwischenliegende Senkung (*der túnkèl stérnè*).

Außerdem kommt in der dritten Anzeile (3 a) **Kadenzentausch** vor (wie er auch im späteren Volkslied und im Nibelungenlied öfter zu finden ist): d.h. statt der zu erwartenden klingenden Kadenz im Anvers finden wir hier einen ganz normalen vierhebig vollen (mv) Vers, der ohne weiteres die klingende Kadenz ersetzen kann.

(Dies ist ein Beweis dafür, daß die klingende Kadenz hier tatsächlich einen Vierheber ausmacht und nicht etwa einen weiblichen Dreiheber! Denn da wir mit einer Melodie rechnen müssen, sind offensichtlich genügend Noten da für vier Hebungen, sonst wäre es unmöglich, eine klingende Kadenz mit einer männlich-vollen auszutauschen).

Die beschwerten Hebungen, die sich ja auch in jeder klingenden Kadenz finden, werden – wie oben in den Sprechversen deutlich wurde – jeweils länger ausgehalten, da der zeitliche Abstand von Hebung zu Hebung immer in etwa gleich bleibt.

⚠ An dieser Stelle ist darauf hinzuweisen, daß es im Mhd. noch **kurze und lange Silben** gibt. Nur lange Silben können eine klingende Kadenz tragen, bzw. werden, wenn sie in der 4. Hebung stehen, als weiblich-voll gerechnet.

Lang sind Silben mit Langvokal, wie *swæ-re, mâ-ne, vuo-ze* usw., aber auch geschlossene Silben mit Kurzvokal, d.h. *val-ken, sin-gen* (Dem Kurzvokal folgen hier zwei Konsonanten, deshalb wird die Silbe nach dem ersten Konsonanten getrennt, die erste Silbe wird also durch einen Konsonanten geschlossen).

Hiervon sind zu unterscheiden **Silben mit kurzer offener Tonsilbe,** die **keine klingende Kadenz** übernehmen können. Dies sind Silben, die auf Kurzvokal enden, wobei dem kurzen Vokal am Beginn der nächsten Silbe nur ein Konsonant folgt, also *sa- gen, ge- ben, se- hen.*

Erscheint ein solches Wort am Versende als 4. Hebung, wird die Kadenz nicht als weiblich-voll gerechnet, sondern als ⚠ **zweisilbig-männlich-voll.** (Es gibt natürlich auch stumpfe Verse, die zweisilbig-männlich enden). Innerhalb der Strophen stehen solche zweisilbigen Worte mit kurzen offenen Tonsilben an den entsprechenden Versenden, wo in den übrigen Strophen einsilbige Worte stehen!

Dies betrifft übrigens auch die höfische Epik, die niemals weiblich-volle Kadenzen aufweist, sondern nur klingende und männlich-volle, inklusive zweisilbig-männlich-volle.

Kürnberger

8,33

Ich zóch mir éinen válkèn	*mére dánnę ein jár.*	x ǀ x́x ǀ x́x ǀ ⌣́ ǀ x̀ʌ	x́x ǀx̀x ǀ x́ʌ ǀ ʌ
dó ich in gezámetè,	*als ich in wólte hán,*	ǀ x́x ǀ x́x ǀ x́x ǀ x̀	x ǀ x́x ǀx̀x ǀ x́ʌ ǀ ʌ
und ich im sín gevíderè	*mit gólde wól bewánt,*	x ǀ x́x ǀ x́x ǀ x́x ǀ x	x ǀ x́x ǀx̀x ǀ x́ʌ ǀ ʌ
er húop sich úf vil hŏ́hè	*und flóuc in ándèriu lánt.*	x ǀ x́x ǀ x́x ǀ ⌣́ ǀ x	x ǀ x́x ǀ⌣́ǀ x̀x ǀ x́

9,5

Sít sach ich den válkèn	*schŏ́ne fliegèn,*	ǀ x́x ǀ x́x ǀ ⌣́ ǀ x̀ʌ	x́x ǀ⌣́ǀ x̀ʌ ǀ ʌ
er vúorte an sínem vúozè	*sídine riemèn,*	x ǀ x́x ǀ x́x ǀ ⌣́ ǀ x̀ʌ	x́⌣⌣ǀ⌣́ǀ x̀ʌ ǀ ʌ
und wás im sín gevíderè	*álrôt gúldîn.*	x ǀ x́x ǀ x́x ǀ x́x ǀ x̀ʌ	x́x ǀ⌣́ǀ x̀ʌ ǀ ʌ
got sénde sí zesámenè,	*die gelíeb wéllen gérne sín!*	x ǀ x́x ǀ x́x ǀ x́x ǀ x̀	⌣⌣ ǀ ⌣́ ǀx̀x ǀ x́x ǀ x́

Schema:

Ich erzog mir einen Falken länger als ein Jahr.	A 4 kl 4 st
Als ich ihn gezähmt hatte, wie ich ihn haben wollte,	4 kl A 4 st
und ich ihm sein Gefieder mit Goldfäden schön umwunden hatte,	A 4 kl A 4 st
hob er sich hoch in die Lüfte und flog in andere Länder.	A 4 kl A 4 mv
Später sah ich den Falken im schönen Schwunge fliegen.	4 kl 4 üst
Er trug an seinem Fuß seidene Bänder,	A 4 kl 4 üst
und sein Gefieder war ganz rotgolden.	A 4 kl 4 st
Gott führe die zusammen, die sich so gern lieben wollen!	A 4 kl A 4 mv

Im 2. und 3. Anvers von Kürnberger 8,33 ff und im 3. und 4. Anvers von 9,5 ff haben wir noch eine Variation: Hier haben wir ebenfalls die vierte Hebung auf einer Nebenhebung, doch nach der Haupthebung steht noch eine Senkung. So etwas wird **dreisilbig klingend** genannt (*gezámetè, gevíderè, zesámenè*).

In 9,5 ff sind die Kadenzen der 1. und 2. Abverse nur klingend zu lesen – ein solcher klingender Schluß bei nur drei vorhandenen Hebungen wird **überstumpf** genannt (*schŏ́ne fliegèn* [x́x ǀ ⌣́ ǀ x̀ʌ ǀ ʌʌ]; *sídine riemen* [x́ ⌣⌣ ǀ ⌣́ ǀ x̀ʌ ǀ ʌʌ]). Im 4. Abvers von 9,5 gibt es **doppelten** (zweisilbigen) **Auftakt**.

Die 4. Abverse, die in dieser Melodie stets vier Hebungen aufweisen müssen, erreichen die notwendige Zahl von Hebungen oft nur durch **beschwerte Hebungen**, die in diesem letzten Abvers sowohl beim Kürnberger als auch im Nibelungenlied außerordentlich häufig sind. In 8,33 wird dadurch das entscheidende Wort *ándèriu*, in 9,5ff das Wort *gelíeb* besonders betont.

Der **Auftakt ist frei**, d.h. es gibt Verse mit und ohne Auftakt, auch doppelten, zweisilbigen Auftakt.

Bei anderen Lyrikern dieser Epoche gibt es andersartige Langzeilenstrophen:

Meinloh von Sevelingen

11,1

Dô ich dich lóben hórtè,	*dó het ich dich gérnę erkánt.*	A4 kl	‹ 4 mv a
durch dîne túgende mánigè	*vuor ich ie wélendę, unz ich dich vánt.*	A4 kl	A 4 mv a
daz ich dich nú geséhen hán,	*dáz enwírrèt dir niet.*	A4 mv	A 4 mv b
er ist vil wól getiúrèt,	*den dú wilt, fróuwe, háben liep.*	A4 kl	A 4 mv b
du bíst der bésten éinè,	*des múoz man dír von schúlden jéhen.*	A4 kl	A 4 mv c
sô wól den dînen óugèn!		A4 kl	x
diu kúnnen, swén sie wéllèn,	*án vil gúetlîchen séhen.*	A4 kl	4 mv c

11,1

Als ich dich preisen hörte, da hätte ich dich sehr gerne kennengelernt.
Wegen deiner vielen Vorzüge zog ich immerfort prüfend einher, bis ich dich fand.
Daß ich dich nun besucht habe, das kümmert dich gar nicht.
Der ist in seinem Wert erhöht, dem du, Herrin, deine Neigung schenken wirst.
Du bist die allerbeste, das muß man von dir mit Recht sagen.
Gepriesen seien deine Augen!
Die können, wen sie nur wollen, sehr freundlich anschauen.

Hier bestehen die ebenfalls paargereimten Langzeilen aus klingenden bzw. vollen (Z. 3) Anversen (= Kadenzwechsel), die Abverse sind immer männlich-voll. Achtung: Die Kadenzen der Abverse 5b und 7b sind, obwohl zweisilbig, nicht als weiblich-voll zu bezeichnen, da es sich hier um Worte mit kurzer offener Tonsilbe handelt (*je-hen, se-hen*), die als männliche Kadenz (zweisilbig männlich-voll) gerechnet werden, wie sich aus den entsprechenden zugehörigen Strophen ergibt, wo an dieser Stelle z.B. **zît** auf *gelît* reimt (14,1 ff), also normal mv. In mhd. Lyrik und Epik finden wir viele zweisilbig volle Verse .

⚠ Unreine Reime wie *niet/ liep* oder *jâr / hân* sind in dieser Epoche häufig.

⚠ Zweisilb. männl. Kadenz ist in Klausuren möglichst eigens hervorzuheben!

Als 6. Zeile ist hier eine Kurzzeile ohne Reim eingeschoben, die als **Waise** bezeichnet wird (weil der Reim fehlt, sie sozusagen weder Vater noch Mutter hat). An dieser Stelle, oben Z. 6, darf im **Reimschema** nicht etwa 'd' stehen, sondern es muß 'x' geschrieben werden, damit klar wird, daß es sich um eine **reimlose Zeile** handelt.

Langzeilen verschwinden mit dem starken romanischen Einfluß in der zweiten Phase des Minnesangs (sog. rheinischer Minnesang). Sie kommen aber im 13. Jh. wieder vor, z.B. in der sog. „Elegie" Walthers von der Vogelweide.

Als Neuerung finden wir von nun an die **mhd. Daktylen,** die aus dem romanischen 10/11 Silbler entstanden sind. Aus 10/11 Silben ergeben sich bei Umsetzung auf vier Hebungen regelmäßige daktylische Verse, das sind Verse, in denen auf eine Hebung immer zwei Senkungen folgen.

Albrecht von Johansdorf

87,5

1 *mich mac der tôt von ir minnen wol schéiden,*	d4w	a		
ánders niemán, des hân ich geswórn.	d4m	b	I. Stollen	
érn ist mîn friúnt niht, der mír si wil léiden,	d4w	a		Aufgesang
wand ich zę einer frőide sî hân erkórn. A	d4m	b	II. Stollen	
5 *swénn ich von schúlden erárn iren zórn,*	d4m	b		
sô bin ich verflúochet vor gótę alsę ein héiden. A	d4w	a		Abgesang
si íst wol gemúot und ist víl wol gebórn.	d4m	b		
héiliger gót, wis genǽdic uns béiden!	d4w	a		

1 Mich vermag der Tod sicher von der Liebe zu ihr zu trennen,
   [aber] sonst niemand, das habe ich geschworen.
   Der ist mein Freund nicht, der sie mir verleiden will,
   denn ich habe sie mir zu meiner Freude gewählt.
5 Wenn ich mit Grund ihren Zorn errege,
   dann bin ich bei Gott verflucht wie ein Heide.
   Sie ist hochgemut und sehr edel geboren.
   Heiliger Gott, sei uns beiden gnädig!

Hier findet sich in den ziemlich regelmäßigen Daktylen zweimal – Z. 2 (*niemán, des*) und 4 (*frőide*) – nur einsilbige Senkung. Zweimal – Z. 4 u. 6 – gibt es einen Auftakt, der die Silbenzahl dann u.U. auf 12 erweitert. Demnach ist der **Auftakt frei,** d.h. er kann stehen oder auch fehlen. In frühen daktylischen Versen kommen solche Unregelmäßigkeiten häufiger vor. Außerdem wird in diesem **Strophenlied** die ebenfalls aus romanischen Formen entlehnte **Kanzonen- oder Stollenstrophe** benutzt, d.h. es gibt in jeder Strophe drei Teile: zuerst den **I.** und den **II. Stollen.** Diese müssen unbedingt metrisch ganz und gar gleich sein, weil es sich hier um eine Wiederholung der Melodie handelt (heute noch häufig z.B. bei Kirchenliedern, wo dann z w e i Zeilen Text unter e i n e r Notenzeile stehen).

Die beiden Stollen bilden zusammen den **Aufgesang.** Darauf folgt der **Abgesang,** der u.U. metrisch anders gebaut sein kann, d.h. er hat eine andere Melodie. Hier hat er zwar die gleichen Reime, jedoch in anderer Reihenfolge. Die einzige Vorschrift in der Stollenstrophe ist folgende:

100

⚠ Der Abgesang muß länger sein als e i n Stollen, und zwar um mindestens eine Hebung. Solche Stollenstrophen bilden, wie auch andere mehrstrophige Gebilde, ein **Strophenlied**.

⚠ Ein Strophenlied ist dadurch gekennzeichnet, daß alle Strophen das gleiche Reimschema und das gleiche metrische Schema aufweisen müssen – denn sie haben ja alle die gleiche Melodie. Wenn ich also ein metrisches Schema aufgestellt habe, muß ich seine Richtigkeit jeweils noch an mindestens eine weiteren Strophe nachprüfen!

⚠ Im Mittelalter bedeutet *liet* übrigens „Strophe"; eine Folge von Strophen (unserem Begriff „Lied" entsprechend) heißt mhd. *diu liet* = die Strophen. Erst nhd. bekommt „Lied" die Bedeutung einer Folge von Strophen.

Das *liet* (= Strophe) Albrechts von Johansdorf 87,5 weist bei 8 Zeilen überhaupt nur zwei Reimformen auf, die auf *-eiden* (scheiden / leiden …) und die auf *-orn* (gesworn, erkorn, zorn …), also weibliche oder männliche. Das wird als **Reimband** bezeichnet (auch als **durchgereimt**). In solchen regelmäßigeren Versen wird die Zahl der überschießenden Senkungen durch **Elision** vermindert, d.i. der Abfall eines unbetonten -e vor Vokal, also statt *gote alse ein heiden* = sieben Silben, wird gelesen *gót als ein héiden* = fünf Silben. Diese Regel gilt für alle mhd. Verse. (Elision wird mitunter durch Unterpunkten der zu elidierenden Vokale angezeigt.)

Bei daktylischen Versen stellt man nur die **Zahl der Hebungen**, ev. den **Auftakt** und **männl. oder weibl. Kadenz** fest, das ist dann die rein **deskriptive (**beschreibende) **Methode** – über metrische Umschriften ist man sich nicht einig.

Reinmar der Alte

167,31

1	*Si jéhent, der súmer dér sî híe,*	a
	diu wúnne diú sî kómen,	b
	únd daz ich mich wól gehábẹ als é.	c
	nu rátent únde spréchent: wíe?	a
5	*der tót hât mír benómen,*	b
	dáz ich niemer úberwínde mé.	c
	wáz bedárf ich wúnneclícher zît,	d
	sît áller fröíden hérre Liútpold in der érde lît,	d
	den ich nie tác getrúren sách?	e
10	*es hât diu wélt an íme verlórn,*	x
	daz ír an mánne nie	a
	sô jámerlícher scháde geschách.	e

1 Sie sagen, der Sommer sei nun hier,
   die Freude sei gekommen,
   und ich solle es mir wohl ergehen lassen wie früher.
   Nun ratet und sagt mir doch wie?
5 Der Tod hat mir etwas genommen,
   was ich niemals mehr verwinden kann.
   Wofür brauche ich noch eine Zeit der Freude,
   da doch Leopold, Herr allen Glücks, in der Erde liegt,
   den ich nie einen Tag lang trauern sah.
10 Die Gesellschaft hat an ihm soviel verloren,
   daß ihr niemals zuvor an irgendeinem Mann
   ein so schmerzlicher Verlust widerfuhr.

Eine Stollenstrophe kann auch **drei- oder mehrzeilige Stollen** haben, wie in dieser Strophe Reinmars des Alten, die mit einem **Natureingang** beginnt, d.h. zu Beginn die Jahreszeit erwähnt und dann zur Stimmung der Sprecherin überleitet: Die Ankunft des Sommers, eigentlich für alle Menschen eine Zeit der Freude, nach mittelalterlichem Verständnis auch Pflicht zur Freude, kann die Witwe nicht erfreuen. Ihre Stimmung entspricht also nicht der Stimmung der übrigen Gesellschaft.

Ein solcher Natureingang wie bei Reinmar 167,31 kann auch weiter ausgeführt sein, z.B. mit der Erwähnung von Blumen und Vögeln im Sommer, von welkem Laub und Schnee usw. im Winter. Niemals ist damit eine Beschreibung von Natur gegeben, sondern es handelt sich immer um allgemeine Zitate von Naturgebenheiten und die Übereinstimmung bzw. Nichtübereinstimmung der Gedanken des Sprechers mit der üblichen Stimmung in der jeweiligen Jahreszeit.

⚠ Da in allen hochhöfischen Strophen schwer festzustellen ist, ob es sich um klingende, stumpfe oder volle Verse handelt (Andreas Heusler stellte die Regel auf, daß **nur gerad-** oder **nur ungeradzahlige Hebungen** nebeneinander in einer Strophe vorkommen), beschränkt man sich in einem solchen Fall am besten auf die **rein deskriptive** (= beschreibende) **Methode** und stellt nur die tatsächlich vorhandenen **Hebungen**, den **Auftakt** und männliche oder weibliche **Kadenz** fest.

⚠ Das bedeutet, daß bei der deskriptiven Methode weder klingende noch stumpfe oder männlich-volle oder weiblich-volle Kadenzen Platz haben!

Das Schema für diese Strophe Reinmars sieht dann folgendermaßen aus (rechts daneben die Bezeichnung nach A. Heusler):

deskriptiv: nach Heusler:

A	4	m	a	}	I. Stollen	A	4	mv
A	3	m	b			A	4	st
	5	m	c				6	st

Aufgesang

A	4	m	a	}	II. Stollen	A	4	mv
A	3	m	b			A	4	st
	5	m	c				6	st

	5	m	d				6	st
A	7	m	d			A	8	st
A	4	m	e	}	Abgesang	A	4	mv
A	4	m	x			A	4	mv
A	3	m	a			A	4	st
A	4	m	e			A	4	mv

Aufpassen muß man bei Strophen, die zwar stollig aussehen, in denen die Stollen aber metrisch nicht gleich sind, wie z.B. bei der folgenden Strophe (Schema deskriptiv und nach Heusler).

Hartmann von Aue
216,29

	deskr.	Heusler
1 *Mániger grüezet mich alsó*	4 m a	4 mv
– der grúoz tuot mich ze máze fró –:	A 4 m a	A 4 mv
‚Hártman, gén wir schóuwèn	3 w b	oder 4 kl
rítterlíche fróuwèn!'	3 w b	oder 4 kl
5 *mac ér mich mít gemáche lán*	A 4 m c	A 4 mv
und íle er zúo den fróuwen gán!	A 4 m c	A 4 mv
bî fróuwen triúwe ich níht verván,	A 4 m c	A 4 mv
wan dáz ich müede vór in stán.	A 4 m c	A 4 mv

Mancher begrüßt mich so
(aber über solchen Gruß freue ich mich nur mäßig):
„Komm Hartmann, laß uns
edle Damen besuchen!"
Soll er mich doch in Ruhe lassen
und zu den Damen eilen!
Bei Damen traue ich mir nicht zu, anderes auszurichten,
als verdrossen vor ihnen zu stehen.

Hier sieht der Vierreim wie ein Abgesang aus, aber die beiden Reimpaare davor entsprechen sich nicht in ihren Kadenzen (4mv gegen 4kl, oder 4 m gegen 3 w), können also keine Stollen sein.

Die **Sangsprüche** – eine eigene Gattung innerhalb der mhd. Lyrik – des Walther von der Vogelweide und anderer Sänger sind oft komplizierter gebaut, aber meist ebenfalls Stollenstrophen Auch die sogenannten „Sprüche" mit politischem oder allgemeinem Inhalt wurden gesungen: daher die Bezeichnung Sangsprüche.

Es ist zu beachten, daß viele Spruchdichter nur eine einzige Strophenart für ihre Sprüche haben. Dagegen führte Walther von der Vogelweide neu ein, daß seine Sprüche wie die Lieder im höfischen Minnesang verschiedene Vers- und Strophenformen aufweisen, man nennt das: verschiedene Töne, z.b. Ottenton, Philippston usw. Diese gelten jedoch meist für eine größere Anzahl von Sprüchen über u.U. verschiedene Themen. Dagegen hatte im Minnesang jedes einzelne Lied seine eigene metrische Form, das bedeutet seine eigene Melodie.

Bei der Interpretation mhd. Lieder sollte man auf ähnliche Weise vorgehen wie bei nhd. Gedichten, d.h. zunächst die Sprechsituation (wer spricht zu wem, evt. Ort des Sprechers, u.U. Jahreszeit usw.) und danach die einzelnen Strophen im Textverlauf besprechen. Meist ist dazu der Argumentationsgang verlangt.

Bei Stollenstrophen könnte man zusätzlich hinweisen auf einen Zusammenhang zwischen der metrischen Form und der Syntax (I. und II. Stollen = Aufgesang gegenüber dem Abgesang). Im oben gegebenen Reinmar-Lied ist z.B. jeder Stollen syntaktisch abgeschlossen. Es gibt jedoch auch Lieder, wo der syntaktische Zusammenhang über die Stollengrenze hinausgeht; mitunter wird das auch im Reimschema deutlich, wenn z.B. im Abgesang Reime aus dem Aufgesang übernommen werden. Außerdem wäre nach der unten gegebenen Aufstellung festzustellen, um welche Gattung eines Liedes es sich handelt – z.B. Rollenlied (Frauen- oder Männerklage, Botenlied), Minnepreis oder -klage usw., und welche für die jeweilige Epoche typischen Begriffe und Gedanken vorkommen.

Nach der Form der Strophen wird fast in jeder Klausur gefragt, nach metrischer Umschrift jedoch fast nur bei Langzeilen.

9.3   Gattungen im mhd. Minnesang

▶ **Der frühe Minnesang – viele Rollenlieder**

- **Wechsel:** Er und sie reden voneinander (in der 3. Person), nicht zueinander (also kein Dialog!) – jeder hat eine Strophe (z.b. Kürnberger MF 8,1 + 9,29, Br. [= Brackert, *Deutscher Minnesang*], S. 10).

- **Frauenstrophen:** (in den Ausgaben fast immer mit ' ' gekennzeichnet) – Sehnsucht der Frau nach dem Geliebten, auch Bekenntnis zu ihm. Häufig im donauländischen Minnesang; später nur noch vereinzelt. (Kürnberger, Br. S. 10 + 11)

- **Botenlieder bzw. -strophen:** Bote überbringt der Dame den Gruß des Sängers; evt. Dialog (Dietmar von Aist, Br. S. 24; Reinmar der Alte, Br. S. 132)

- **Tagelieder:** Abschied der Liebenden in der Morgenfrühe nach einer Liebesnacht. Wecken durch Licht oder Vogel; (Wächter in dt. Liedern wahrscheinlich erst seit Wolfram von Eschenbach). Trauer über den Tagesanbruch wegen der Notwendigkeit des Abschiednehmens (Gefahr des Entdeckt-Werdens), liebevolle Versicherung der Liebe u.a.m. (z.B. Dietmar von Aist, Br. S. 30;).

- **Natureingang:** kommt bei all diesen Gattungen häufig vor, meist zu Anfang des Liedes. Schon im frühen Minnesang, aber auch noch im 13. Jh. Sommerlieder oder Winterlieder – Verbindung zur Stimmung des Sängers (z.B. Dietmar von Aist, Br. S. 28; Heinrich von Veldeke, Br. S. 48).

▶ **Höfischer Minnesang**

Weiterhin oben genannte Formen, wie Botenlieder, Tagelieder und Natureingang; reine Frauenstrophen selten. Daneben:

- **Minneklage:** Klage des Liebenden über die Nichtbeachtung durch die Dame (Friedrich von Hausen, Br. S. 42; Rudolf von Fenis, Br. S. 52, S. 56).

- **Minnepreis:** Lob der Dame wegen ihrer Schönheit und wegen ihrer Vollkommenheit; oft verbunden mit Minneklage (Morungen, Br. S. 90).

- **Minneabsage:** Absage an die Dame, zunächst wegen der Teilnahme an einem Kreuzzug (Friedrich von Hausen, Br. S. 38); dann auch wegen Nichtbeachtung durch die Dame (Hartmann von Aue, Br. S. 114; Walther von der Vogelweide, Br. S. 112)

- **Dialoglied:** Sänger und Dame reden miteinander. (Albrecht von Johansdorf, Br. S. 66)

- **Kreuzlieder:** Aufruf zur Teilnahme, denn der Sänger zieht auch mit und begründet dies. Öfter: Er will Gott statt der Dame dienen. (Albrecht von Johansdorf, Br. S. 62; Hartmann von Aue, Br. S. 114)

- **Mädchenlieder:** Lieder an Mädchen niederen Standes, von denen aber auch *triuwe* und *staetekeit* verlangt wird (nur Walther von der Vogelweide, Br., S. 114).

- **Dörperlieder:** grobe Lieder (*dörper* = die unhöfischen Dorfbewohner), Parodie auf Minnesang (vor allem Neithard von Reuental, Br. S. 170, 176: Sommer- und Winterlieder)

- **Pastourellen:** Ritter findet Schäferin (pastora) im Freien, wird erhört oder nicht; in Frankreich häufig (Tannhäuser, Br. S. 214).

- **Tagelieder:** seit Wolfram von Eschenbach die Figur des Wächters auch im dt. Tagelied, dieser singt auch eigene Strophen.

9.4 Epochen im deutschen Minnesang

(nach G. Schweikle)

1. Frühphase: sog. donauländischer Minnesang, 1150/60 – 1170

● **Dichter:**
Kürnberger, Meinloh von Sevelingen, Dietmar von Aist, Burggraf von Regensburg und von Rietenburg

● **Kennzeichen:**
– meist Einstrophigkeit, Langzeilenstrophen (mitunter mit eingeschobenen Kurzzeilen) einige Kurzzeilenstrophen (Kurzzeilen sind meist Vierheber, können aber auch Sechsheber sein!)
– meist Paarreime, oft unreine Reime
– Frauenstrophen, Mannesstrophen, Wechsel, Natureingang, noch unbefangene Sehnsucht der Frau nach Vereinigung.

2. Erste Hochphase: rheinischer (staufischer) Minnesang, 1170 –1190/1200

● **Dichter:**
Friedrich von Hausen, Bernger von Horheim, Heinrich VI., Heinrich von Veldecke, Rudolf von Fenis, Albrecht von Johansdorf, Hartwig von Raute

● **Kennzeichen:**
– Mehrstrophigkeit, Stollenstrophen (Kanzonen)
– kompliziertere Reimschemata, Reimbänder, reiner Reim, mhd. Daktylen
– Dienstminne, Hohe-Minne-Thematik, Minneklagen, Kombination von Minne- und Kreuzzugsthematik (Hausen, Johansdorf)
– Dialoglied
– evt. Kontrafakturen (Neudichtungen) auf romanische Melodien und Strophenformen

● **Topoi**

Negativ:
swære, kumber, leit, sorge, wunt, twingen, gebunden; wân, âne sin, toben, huote, merkære

Positiv:
vröude, hôher muot, genâde, güete, triuwe, stæte, kiusche (Anstand), *zuht* (Erziehung), *mâze, werdekeit; süenen, trœsten* (kann Hingabe sein)

3. Zweite Hochphase, 1190 – 1210

- **Dichter:**
  Heinrich v. Morungen, Reinmar der Alte, Hartmann v. Aue

- **Kennzeichen** (s.o. 1. Phase), dazu Besonderheiten bei einzelnen Dichtern:
  - Morungen: Tageliedwechsel, Lichtmetaphern, Sensualisierung, Venus-Minne
  - Reinmar: Frauenlieder, Botenlieder, Minnereflexion, Ästhetisierung des Leids, Frauenpreishyperbolik, Kreuzlieder, Witwenklage, Selbststilisierung
  - Hartmann: Ethisierung, Betonung des Dienstes, Minneabsage (Unmutslied und Kreuzlied)

4. Höhepunkt und Überwindung, 1190 – 1230

- **Dichter:**
  Walther v. d. Vogelweide, Wolfram v. Eschenbach

- **Kennzeichen:**
  - Walther v. d. Vogelweide: Überwindung der Minne-Ideologie durch kritische Reflexion (Walther-Reinmar-Fehde): neue Konzeption = Gegenseitigkeit, Mädchenlieder; neue *hôhe-wîp*-Minne: sehr allgemein, *wîp* mehr als *frouwe*; späte Lieder gegen Neidhart und Weltabsage.
  - Wolfram: Tagelieder, erotische Komponente, Figur des Wächters

5. Erste Spätphase, 1210 – 1240

- **Dichter:**
  Neidhart von Reuental

- **Kennzeichen:**
  zwei neue Gattungen:
  - Sommerlieder = Tanzlieder, keine Kanzonen; auch Kreuzlieder
  - Winterlieder: Kanzonen, oft Strophen mit zunächst traditionellem Inhalt, der dann parodistisch umgebogen wird.

  Thematik:
  Der Knappe/Ritter v. Riuwental wirbt um schöne Bauernmädchen, die ihm in den Sommerliedern auch folgen wollen. In den Winterliedern wird er oft von den Dörpern (viele teils pejorative Eigennamen) bekämpft und besiegt. Viele grob-sinnliche Wörter und deftige Szenen.

6. Zweite Spätphase, 1210 – 1300

● **Dichter:**
  – Schweiz:
  Ulrich von Singenberg, Johannes Hadloub, Konrad v. Würzburg; Steinmar (besonders deftig).
  – Schwaben:
  Burkhard v. Hohenvels, Gottfried v. Neifen, Ulrich v. Winterstetten, Hiltbold v. Schwangau (Hof Heinrichs VII.)
  – Baiern- Österreich:
  Ulrich v. Liechtenstein, Tannhäuser

● **Kennzeichen:**
  artistische Fortführung des Minnesangs, traditionelle Thematik, aber auch Aufnahme von Neidhart-Stil, also deftige Worte und Schwanklieder

9.5   Besondere Reimarten und Reimschemata

Manche dieser Reimschemata gelten auch später noch.

Paarreim	aa bb cc
Kreuzreim	ab ab

Umarmender Reim	a bb a
Schweifreim	aab ccb
Verschränkter Reim	abc abc

Unreiner Reim *fliegen / riemen*, auch *man / getân* (da kurzes a auf langes a reimt!)

Identischer Reim	*nôt / nôt*
Reicher Reim	*Sing und Sang / Kling und Klang*
Rührender Reim	*lîden / verlîden*
	Also: alle Buchstaben von der letzten Hebung an gleich
Binnenreim	*Sie beide **luste**, daz er **kuste** si genuoc*
Kehrreim	= Refrain (letzte Zeile der ersten Strophe immer als letzte Zeile aller Strophen wiederholt)

Mehrfachreim	*lân / gân / verfân / stân*
Kornreim	Reim z.B. der letzten Zeile von Str. zu Str. wiederholt (vor allem mhd.)
Pausenreim	***wol** vierzic jâr hab ich gesungen oder mê*
	*von minnen und als iemen **sol***
	Also: ein Wort am Anfang einer Zeile reimt auf eines am Schluß einer Zeile, ev. erst am Ende der Strophe (nur mhd.).

Schlagreim	*Ich solt aber dur die **süezen***
	***grüezen** meinen walt heid ouwe*
	(Die Reimwörter folgen sich Schlag auf Schlag)

Waise	reimlose Zeile in gereimter Dichtung

9.6 Mittelhochdeutsche Epik

Bis auf wenige Werke ist auch die mhd. Epik in Versen geschrieben. Die Helden-
lieder, d.h. Nibelungenlied (s.o. Kürnbergerstrophe), Kudrun und Dietrichsepik,
haben strophische Formen, wurden also wohl gesungen, die übrige Epik ist in
Reimpaaren verfaßt.

Für die **frühe mhd. Epik** bis ca 1170/80 gilt dasselbe wie für die frühe mhd. Lyrik:
Sie besteht aus Vierhebern (im Nibelungenlied und in der Kudrun auch Langzei-
len) und weist immer wieder unreine Reime auf. In den Vierhebern dieser Epoche
gibt es noch **drei Sorten von Kadenzen:** neben männlich-vollen und klingenden
auch noch einige stumpfe, z.b. Heinrich von Melk, *Memento mori* (um 1160):

nû wáz ist der réde mêrè?	A 4 kl
als schíer sô die árme sêlè	A 4 kl
den lîchàmen begît (= verläßt)	A 4 st
nû sích, armer ménsch, wíe er lît!	A 4 mv

Die **höfische Epik ab Hartmann von Aue** weist dann nur noch zwei Arten von
Kadenzen auf, klingende und männlich-volle (auch zweisilbig-männlich-volle),
z.B. Hartmann von Aue, *Iwein*:

	Swér an réhte guetè	4 kl
	wéndet sîn gemüetè,	4 kl
	dem vólget sáelde und êrè.	A 4 kl
	des gît gewísse lêrè	A 4 kl
5	*künec Artûs der gúotè*	4 kl
	dér mit rîters múotè	4 kl
	nâch lóbe kúnde strîtèn.	A 4 kl
	er hât bî sînen zîtèn	A 4 kl
	gelébet álsô schônè	A 4 kl
10	*daz ér der êren krônè*	A 4 kl
	dô trúoc und nóch sîn náme tréit.	A 4 mv
	dés hábent die wârhèit	A 4 mv
	sîne lántliútè.	4 kl
	sî jéhent er lébe noch híutè:	A 4 kl
15	*er hât den lóp erwórbèn,*	A 4 kl
	ist ím der lîp erstórbèn,	A 4 kl
	sô lébet doch íemèr sîn náme.	A 4 mv (zweisilb. mv)
	ér ist lásterlîcher scháme	A 4 mv (zweisilb. mv)
	íemèr vil gár erwért,	4 mv
20	*der nóch nách sînem síte vért*	4 mv

Die Zeilen 5,14 und 17 weisen zweisilbige Senkungen auf, Z. 12, 13, 17 und 19 sind nur mit Hilfe von beschwerten Hebungen mit 4 Hebungen zu lesen (*dés hábent die wârhèit* ´— ´x^^´— `x , *sîne lánt-liú- tè* ´xx ´— ´— `x.

⚠ Beim lauten Lesen muß man unbedingt darauf achten, daß **immer vier Hebungen** vorhanden sein müssen. Das heißt, wenn es erforderlich ist, sind auf geeigneten Silben (nur auf betonten langen Silben) beschwerte Hebungen anzubringen!

Durch solche metrisch besonders markanten Verse kommt Bewegung in die sonst weithin reine Alternation der Verse, außerdem ergibt sich die Möglichkeit besonderer Hervorhebungen wie oben bei *lántlíutè* = adlige Bewohner seines Landes, also solche, die es genau wissen müssen.

Hier trägt jede einzelne Silbe einen Akzent, wodurch das Wort, das ja beweiskräftig dsein soll, ungemein harausgestellt wird.

Eine Möglichkeit der Verlebendigung ergibt auch das Mittel der **Reimbrechung** (= am Ende der ersten Zeile, d.h. in der Mitte eines Reimpaars, ist der Satz zu Ende, hier Z. 3, 7, 11, 13, 17.)

Dadurch werden die langen Folgen von Reimpaaren geordnet – wenn der Satzschluß schon in der Mitte eines Reimpaares liegt, geht der Fluß der Erzählung immer weiter. Er wird erst dann plötzlich aufgehalten, wenn auch der Satz am Ende des Reimpaares aufhört (Z. 20). Dadurch werden die langen Folgen von Reimpaaren in sich zusamengeschlossen.

So liegt nicht nur in der mhd. Lyrik, sondern auch in der gereimten Epik des Mittelalters mehr Kunstfertigkeit, als man zunächst vermutet.

Nützliche Literatur

Hahn, Gerhard: *Walther von der Vogelweide*, Artemis Einf. 22.
Schweikle, Günther: *Minnesang*, Slg. Metzler Bd. 244
Wehrli, Max: *Geschichte der deutschen Literatur vom frühen Mittelalter bis zum Ende des 16. Jahrhunderts*, Reclam 1980

und viele andere.